Gálatas

la epístola de la Cruz
y el Espíritu Santo

Con mucho cariño
en el Mensaje de
la Cruz

Ernesto Johnson

Rom 6:6
5/10/12

Sobre el Autor:

G. Ernesto Johnson con su esposa, Grace, procedentes de Winnipeg, Canadá, llegaron a Río Grande en 1954 y él ha sido profesor desde tal año. Ha servido de Decano Académico (1968-1981), Presidente (1981-1995) y Presidente Emérito hasta ahora.

Se graduó de Prairie Bible Institute, Three Hills, Canadá (1949); Universidad de Pan American Edinburg, TX (1965); M.A, Instituto de Estudios Latinoamericanos, Universidad de Texas, Austin TX (1970); Doctor en Misionología, Trinity Evangelical Divinity School, Deerfield, Illinois (1985).

Gálatas
la epístola de la Cruz y el Espíritu Santo

G. Ernesto Johnson

Revisión: Carlos Pulgarín

Rio Grande Bible Institute, Edinburg, Texas 78539

ISBN 978-1-4675-2448-390000

Editorial Rio Grande

ISBN

ISBN 978-1-4675-2448-3

9 781467 524483

90000>

DEDICATORIA

En el nombre de Cristo y para la gloria del Padre

dedico este libro a la memoria y el ministerio de mi mentor,

el Heraldo de la Cruz,

Dr. F. J. Huegel (1889-1971),

cuya vida y mensaje impactó mi vida

como también el rumbo del Seminario Bíblico Río Grande.

Como Abel, "muerto, aún habla por ella".

Índice

Breve Reseña Biográfica de Federico Julio Huegel

Prefacio

Dr. Federico J. Huegel
Heraldo de la Cruz

Breve reseña biográfica de Federico Julio Huegel

Federico Julio Huegel nació el 20 de mayo de 1889 en Madison, Wisconsin, de Juan G. Huegel y Elizabeth Beck, ambos hijos de inmigrantes alemanes y fieles miembros de la Iglesia Luterana de San Juan. Federico era el segundo de cinco hermanos y una hermana. Cuando ingresó a la universidad cayó bajo las influencias filosóficas que estaban de moda y se volvió agnóstico. Esto lo distanció de su padre quien era un ferviente cristiano. La muerte de su padre en 1911 produjo la primera crisis espiritual en la vida de Federico, pues se sentía culpable por haberse alejado de él. En 1913 contrajo nupcias con Alleen (Elena) DeGaris de Hannibal, Missouri.

Federico decidió hacer un posgrado en filosofía con la esperanza de resolver sus inquietudes existenciales, pero en la primavera de 1914, mientras leía un libro sobre la vida de Cristo que había encontrado en la biblioteca de la universidad, según sus propias palabras, "los cielos se abrieron, vi la gloria de Dios, y me rendí a Jesucristo". De inmediato sintió el llamado de anunciar las inescrutables riquezas de Cristo. En un barrio pobre del pequeño pueblo de Canton, Missouri, a las orillas del río Mississippi, estableció una misión donde predicó varias veces por semana. Para sostener a su familia enseñó por cuatro años en la pequeña universidad cristiana de Culver-Stockton. En el verano de 1918 se dio de alta como capellán del ejército y después de concluir la Primera Guerra Mundial en noviembre, por nueve meses sirvió en Alemania atendiendo las necesidades espirituales de los soldados norteamericanos.

En 1920 los Huegel fueron comisionados por la junta misionera (The United Christian Missionary Society) de la Iglesia de los Discípulos de Cristo para servir como misioneros en México. Por cerca de diez años sirvieron en los estados de Aguascalientes y San Luis Potosí, donde Federico se dedicó al evangelismo rural y al establecimiento de nuevas congregaciones.

En noviembre de 1927, su hijita contrajo una extraña infección estomacal. Con fe Federico elevó sus plegarias a Dios pidiendo por la sanidad de la niña y estuvo seguro que Dios le había escuchado. Cuando ella murió repentinamente, una nube negra se extendió sobre su vida y entró en una severa crisis espiritual. Luchaba por entender cuál había sido la falla, pues creía firmemente que la oración con fe resulta en sanidad. Un amigo lo introdujo a los escritos de la Sra. Jessie Penn-Lewis, expositora de la vida victoriosa basada en la Cruz. Al leer sus escritos, poco a poco la nube se disipó y como resultado Federico escribió su libro clásico *Bone of His Bone*, traducido al español con el título *Hueso de sus Huesos,* en el que expone magistralmente la verdad bíblica de la unión espiritual del creyente con Cristo en su muerte, resurrección y ascensión. Este libro ha sido publicado numerosas veces tanto en inglés como en español y ha sido de bendición para incontables personas.

En 1931 Federico fue nombrado profesor en el Seminario Evangélico Unido y en la ciudad de México su ministerio floreció. Como maestro en el seminario influyó en la vida de docenas de futuros pastores de las iglesias metodistas, discípulos y congregacionales. Colaboró con el Concilio Nacional de México y la Casa Unida de Publicaciones, editorial que publicó muchos de sus libros: *Cumbres de Redención, Flor de Santidad, Luces sobre el Sendero y Siempre Triunfante,* entre otros. Desarrolló trabajo evangelístico entre los bomberos de la ciudad y en la penitenciaría. Fue el primer presidente del consejo del Ejército de Salvación en México y por varios años colaboró con el Capitán Alejandro Guzmán en la Cruzada Nacional, cuyo propósito era colocar una porción del Nuevo Testamento en cada hogar del país.

Por su dinámica predicación y fiel enseñanza de la Palabra llegó a ser conocido no sólo en la ciudad de México sino en todo el país. Su espíritu humilde, alegre semblante y disposición abierta le granjeó la simpatía de líderes de las diferentes denominaciones y del pueblo evangélico en general.

Después de su jubilación en 1956, y ya no teniendo responsabilidades docentes, su ministerio se extendió a varios países latinoamericanos siempre llevando el mensaje de la Cruz. Visitó varias veces Argentina, Chile, Colombia y Guatemala. Fue invitado dos veces a dar las conferencias "Elizabeth M. Lee" en el Seminario Evangélico de Matanzas en Cuba. En una ocasión fue hasta Japón y Corea.

En los años de su retiro también colaboró con organizaciones como la Sociedad Bíblica, El Ejército de Salvación, y El Instituto Lingüístico de Verano. Colaboró estrechamente con el fundador de la Cruzada Estudiantil y Profesional para Cristo en México, Sergio García Romo, y ayudó a establecer la Cruzada en varios países de América Latina.

Nueve veces durante los años 1957 a 1969 visitó el Seminario Rio Grande en Edinburg, Texas, para exponer el mensaje de la Cruz. Encontró en el Dr. Ernesto Johnson, presidente del seminario, un hombre con espíritu afín, quien deseaba que el mensaje de la vida victoriosa basada en la Cruz se arraigara en la vida de los alumnos. En su última visita al seminario, Federico le pidió a Ernesto que fuera su Timoteo. El manto de Elías pasó a Eliseo, y desde entonces el Dr. Johnson ha sido fiel portador del mensaje de la Cruz en el seminario y en sus giras por la América Latina.

Debido al deterioro de su salud, Federico y su esposa se mudaron al estado de Illinois para estar cerca de su hija, Esther. El falleció el 3 de noviembre de 1971, y su querida esposa, Elena, el 27 de diciembre de 1980. Ambos están sepultados en el panteón "Monte Olivo" en las orillas del pueblo natal de Elena, Hannibal, Missouri.

-Escrito por su hijo, Rev. Juan Huegel,
misionero por muchos años en México

PREFACIO

Estoy muy agradecido con mi Dios por haberme permitido conocer al Dr. Federico J. Huegel, el verdadero Heraldo de la Cruz. Junto a mi mentor, el Dr. Huegel, hay dos personas más que han influido mucho en mi vida: una es mi madre, Elizabeth (Haslett) Johnson, cuya dedicación total a Cristo me forjó los más tempranos deseos de servir al Señor; y la otra persona es el Reverendo L. E. Maxwell, co-fundador de Prarire Bible Institute, Three Hills, Alberta, Canadá. A la edad de catorce años fui a la High School y allí, en mis estudios secundarios, en la primera conferencia misionera, me dediqué de todo corazón al llamado a las misiones.

En mi adolescencia empecé a leer el libro *Hueso de sus huesos*, escrito por F.J. Huegel. Llegué a ser lector ávido de los escritos de A. B. Simpson, la Sra. Jesse Penn-Lewis, Andrés Murray y muchos otros que destacaron el Mensaje de la Cruz.

Al graduarme de Prairie Bible Institute en 1949, con un corazón dedicado y una cabeza llena de estas preciosas verdades, tomé mi primer pastorado en mi ciudad natal, Winnipeg, Manitoba. La providencia de Dios me hizo entrar en la realidad de "mi muerte al pecado", un humillante quebrantamiento de mi orgullo espiritual. Entonces llegué a conocer la verdad del corazón quebrantado allí en la Cruz con Cristo.

Al llegar junto con mi esposa al Seminario Bíblico Rio Grande, en Edinburg, Texas en 1954, sugerí a nuestro fundador, M. C. Ehlert, que invitara al Dr. Huegel para ser nuestro conferencista. Llegó en 1957 para enseñar cinco días en inglés y luego cinco días en español. Nueve veces, entre los años 1957 y 1969, el Dr. Huegel visitó el seminario, dejando una profunda huella en mi vida, confirmando las verdades de la Cruz y estableciendo, de paso, el rumbo del Seminario. El Dr. Juan Dale, íntimo consiervo de Dr. Huegel, fue invitado cada año hasta 1992.

Unas reflexiones personales. Recuerdo que después de su primer mensaje, me acerqué a él para saludarlo de todo corazón. Me sorprendió diciendo: "Siempre escojo a un socio en la oración al llegar a dar conferencias, ¿usted será mi socio?". Desde aquel día en 1957 hasta su salida en 1969, salíamos todas las tardes en mi carro por un camino solitario para orar juntos. Confieso, él para orar y yo más para escuchar. Yo tenía unos veintinueve años y él sesenta y ocho. Pero a pesar de las diferencias de edad, yo veía y sentía la profundidad de su vida y su carga por su familia y por la obra de Dios en el mundo. Los nombres de mis colegas también estaban incluidos en sus oraciones. Estar junto a él en estas jornadas fue para mí como un curso de postgrado en oración.

En el primer año lo invitábamos a cenar. Yo mostrando mi inmadurez le pregunté: "¿De qué seminario se graduó?". Me contestó: "No me gradué de ninguno; sólo Dios me enseñó en la escuela de los sufrimientos". Es cierto que pasó dos semanas en el Seminario de la Universidad de Chicago que en aquel tiempo fue el centro del liberalismo. Al ver la manera como era atacada la Biblia salió de allí, y entonces Dios lo matriculó en el verdadero seminario de la Cruz.

En su última conferencia en 1969, me honró al decirme: "Quiero que tú seas mi Timoteo". He seguido su trabajo en Colombia, en Argentina, en Cuba y en muchas partes de México. Solía hacer la pregunta: "¿Cuántos conocen al Dr. Huegel?". Como respuesta veía manos levantadas, sonrisas en la cara. Claro que sí, su nombre es recordado. Si ministraba yo en México D.F.,

Monterrey, Saltillo, San Luis Potosí, Oaxaca entre los metodistas, presbiterianos, iglesias independientes e institutos para eclesiásticos, lo recordaban por su mensaje de la Cruz con cariño y gratitud. Como Abel: "Muerto, aun habla por ella".

Recuerdo que en otra visita le dije al Dr. Huegel: "¿Por qué no escribe algo sobre el balance o el equilibrio bíblico entre el Mensaje de la Cruz y el ministerio del Espíritu Santo, como lo tenemos en Gálatas? Se oye tanto de éste y tan poco de lo otro". Me sorprendió en gran manera cuando me contestó: "Algún día tú puedes hacerlo". Claro no fue una profecía inspirada, pero en la providencia del Señor quedó fijado en mi corazón ese recordatorio.

En la maravillosa voluntad de Dios, Editorial Río Grande ya tiene el derecho de volver a publicar digitalmente en español los libros de Dr. Huegel. Así la nueva generación de hispanos oirá de nuevo el claro mensaje de la Cruz.

Capítulo 1
Gálatas, la epístola de la Cruz y el Espíritu Santo

La pasión de Pablo es la libertad en santidad

El mensaje destacado de Gálatas

El estudio de Gálatas nos revelará tanto el corazón pastoral de Pablo como el peligro que representa el legalismo hoy día. **Además, esta epístola tiene como objetivo profundizar la relación crítica entre la obra de la Cruz y el ministerio del Espíritu en la vida diaria del creyente.**

Al abordar este tema, la meta no es un estudio técnico sino práctico y personal. Para conseguir lo anterior, es necesario dejar a un lado los asuntos que tienen que ver con la exégesis y el trasfondo, de modo que se puedan tocar las fibras de la vida espiritual del lector. Dejemos que sea el mismo texto inspirado el que nos hable y nos rete a que andemos más cerca del Crucificado.

Sin duda alguna, podemos llamar al apóstol Pablo el apóstol de la cruz. Cuántas veces hoy día se ha separado esa verdad distintiva de nuestra identificación con Cristo, esa verdad que nos recuerda nuestra condición de muertos al pecado (Romanos 6:2), muertos a la ley (Romanos 7:4) y llenos del Espíritu Santo (Romanos 8:1-4). Tal separación es ajena al mensaje a los gálatas.

Cuántas veces se oye sólo acerca de nuestra posición teológica en Cristo, o de esa búsqueda que algunos emprenden para hallar una experiencia religiosa. El libro de Gálatas nos ayudará a ver cómo Pablo une las dos verdades que resultarán en una vida de victoria y santidad. Dicho de otra manera: libertad sin libertinaje.

Pablo en Gálatas 5:1 pregona estas verdades al empezar la tercera división de la carta: *"Estad, pues, firmes en la libertad con que Cristo nos hizo libres, y no estéis otra vez sujetos al yugo de esclavitud"*. Pero luego agrega el punto de equilibrio con la exhortación de Gálatas 5:13: *"Porque vosotros, hermanos, a libertad fuisteis llamados; solamente que no uséis la libertad como ocasión para la carne, sino **servíos por amor los unos a los otros"**.* Estos dos versículos constituyen una buena definición de la vida cristiana. Pablo redondea la idea al decir: *"Digo, pues: Andad en el Espíritu, y no satisfagáis los deseos de la carne"* (Gálatas 5:16).

Lo relevante del mensaje a los gálatas hoy

Como nuevas criaturas queremos recibir toda la herencia nuestra en Cristo. Tantas veces se oyen expresiones como: "Pero todavía te falta algo. Necesitas buscar esto y lo otro". Otras voces nos prometen grandes experiencias, nuevo poder, milagros, prosperidad, profecías, la última novedad que, al final, dura poco tiempo.

Frente a tales pretensiones nos sentimos inferiores porque no tenemos la última oferta. Tantos hermanos sinceros han caído en esta trampa. No estoy hablando en contra de la verdadera obra del Espíritu que, sin duda, siempre estará unida al Mensaje de la Cruz, muertos a la carne y vivos para Dios.

Pero aquí es importante destacar el balance que debe haber entre el mensaje de la Cruz y la obra del Espíritu. Pablo lo pone en claro cuando dice: "Ni por un momento puedo tolerar semejante error". Es un error sutil —el legalismo de aquel entonces, es decir, agregar algo más a la obra de Cristo como si esto pudiera ofrecernos una espiritualidad mayor. Al vivirlo en carne propia,

Pablo lo confronta y lo deshace con un argumento apasionado. Vemos en Gálatas otra cara del gran apóstol, intolerante ante una falsa espiritualidad que no está fundada en la Cruz de Cristo. Dos veces llama este error una maldición, un "anatema" (Gálatas 1:8-9). Eso es bien fuerte.

La distinción de Gálatas

Esta carta a los Gálatas es una carta muy diferente a las demás epístolas; vemos y palpamos la pasión de Pablo por un mensaje cristo-céntrico y cruz-céntrico. Pablo vivía en carne propia el rechazo de sus convertidos (Gálatas 4:16); sintió la sutileza de lo agregado al mensaje de la Cruz (Gálatas 3:1). Aquello que había sido agregado bajo el pretexto de mayor santidad y espiritualidad era, en realidad, una distracción y un sustraer de la suficiencia de la obra y la persona de Cristo. Para Pablo era otro evangelio; él lo condenó en tono vehemente.

La carta a los Gálatas se destaca de sus demás epístolas. Pablo se emociona, suelta sus afectos para con los hermanos (5:13,14); siente las heridas que le dan, habla en términos muy fuertes hasta decir: *"De Cristo os desligasteis, los que por la ley os justificáis; de la gracia habéis caído"*. No hay palabras más fuertes. El apóstol termina diciendo:*"!Ojalá se mutilasen los que os perturban!"* (5:12).

Pablo se defiende a sí mismo y a su apostolado (Gálatas 1, 2); defiende su enseñanza doctrinal de la gracia frente a la ley (Gálatas 3, 4); aplica con amor, pasión y vehemencia el mensaje de la Cruz y el Espíritu Santo en el andar diario del creyente (Gálatas 5, 6).

Lo distintivo de Gálatas ante las demás epístolas paulinas

Comparemos esta epístola con las demás cartas paulinas. En **Romanos,** Pablo serenamente atraviesa las mismas doctrinas de la justificación y la santificación en forma dialogal, definiendo, describiendo y aplicando las verdades de la Cruz.

Lo curioso es que parece que la carta a los Romanos fue escrita desde Corinto (57 d.C.) en una época de paz y resolución del problema de los Corintios. Gálatas fue escrita probablemente poco antes desde Éfeso o en camino a Macedonia antes de llegar a Corinto. No hay toque personal ni saludos en Romanos hasta el final del libro.

En Gálatas Pablo está al frente y en el centro como hombre y protagonista por la verdad. Lo significante es que no hay ninguna nota de gratitud al escribir a los gálatas, sino sólo un profundo sentido de peligro y decepción al dirigirse a ellos. Aun a los corintios tan difíciles les dio las gracias, pero al legalismo -- semejante herejía-- de ninguna manera podría tolerarlo.

La primera carta a los **Corintios** fue una carta sumamente correctiva, respondiendo a una serie de graves problemas en la iglesia; la segunda carta escrita en la misma época de Gálatas revela el corazón de Pablo bajo ataque. Son dos cartas que nos dan una vista de Pablo bajo el microscopio. Las dos cartas son gemelas en cierto sentido. Pablo vivía lo que llamó: *"Y además de otras cosas, lo que sobre mí se agolpa cada día, la preocupación por todas las iglesia"* (2 Corintios 11:28).

Efesios, Filipenses y Colosenses y la carta personal a **Filemón,** escritas desde la cárcel, son cartas dirigidas a unas iglesias que marchaban bien, congregaciones que tenían relativamente pocos problemas. Pablo siempre vuelve a la misma solución de cualquier problema: exponer en ellas **la obra de la Cruz y la presencia del Espíritu Santo.**

Las cartas a **los Tesalonicenses** nos dan otra página del ministerio de Pablo, quien como plantador de iglesias les escribe con buena doctrina y afecto, siempre poniendo en alto la santificación y la segunda venida de Cristo como fuertes motivaciones para la santidad.

Las cartas pastorales, **Primera y Segunda a Timoteo y Tito,** exponen las urgentes necesidades de la santidad en el liderazgo y la organización de las iglesias locales como expresión del Cuerpo de Cristo. Aquí se ve en Pablo el corazón pastoral, su amor para con sus hijos en la fe y su alto concepto de la iglesia local.

Este repaso sitúa bien lo destacado de Gálatas al mostrarla como una carta escrita desde lo profundo del corazón de un apasionado por Cristo, alguien seguro de su apostolado, listo para defender el mensaje de la Cruz y hacer todo lo posible para que Cristo triunfe en sus seguidores. Otro punto que vale la pena mencionar es lo céntrico en todo lo que Pablo escribe –su énfasis en la ***doctrina de la santidad*--** con una base firme en la justificación, pero prosiguiendo adelante para nuestra alta vocación en Cristo Jesús.

La epístola a los Gálatas y su trasfondo introductorio

No entramos en los detalles y las discusiones con respecto al cuándo y dónde sino sólo para decir que Pablo visitó las iglesias de Galacia por lo menos dos veces; en el norte de Galacia estuvo al final de su segundo viaje misionero (Hechos 16:6), y el sur de Asia Menor que visitó en el primer viaje y que volvió a visitar en el segundo, pasando por ciudades como Antioquia de Pisidia, Listra y Derbe (Hechos 13:13-14:28).

La primera opción de las iglesias del norte –más antigua-- es la que se usa en este estudio. Como ya se dijo anteriormente, la epístola se habría escrito por el año 57 d.C. en el camino a Corinto, durante su tercer viaje misionero (Hechos 18:23). Aunque no sabemos mucho de estas iglesias en Galacia del norte, lo cierto es que recibieron el mensaje y después de un relativamente corto tiempo entre el segundo y el tercer viaje se dejaron llevar por algunos judaizantes que vinieron con esta herejía legalista.

¿Cuál fue el problema de las iglesias en Galacia?

Aunque es difícil trazar los movimientos de los galos del este de Europa, parece que estos galos o célticos invadieron Asia Menor tres siglos antes de Cristo y luego el imperio romano los venía absorbiendo. **Según los eruditos era una gente muy voluble e inconstante.** Aun se puede trazar en parte sus raíces, algunos de España, Francia y Escocia (¡quizá mis antecesores!).

Pablo pasó por estas regiones dos veces y volvió para confirmarlos. Después de su última visita (tercer viaje), supo de su vacilación y aun su rechazo del mensaje de la gracia de Dios. Con un corazón muy triste y preocupado por la pronta vacilación de ellos y su cambio de rumbo, les escribió con una urgencia no igualada en ninguna otra epístola. Pablo manifestó su decepción, amor y angustia espiritual. No fue ninguna cosa leve ni insignificante.

Entraron los que se llamaban judaizantes. Eran judíos, partidarios de la ley, quizá una separación de algunos de la iglesia madre de Jerusalén. Esta discordia era el mayor problema de la iglesia primitiva. Los judíos querían judaizar a los gentiles. Pablo entendía muy bien esta tensión y enemistad porque antes era un orgulloso fariseo, comprometido con la ley de Moisés y su propia cultura judaica. Pero en el camino a Damasco y en aquel brusco encuentro con el Crucificado, Pablo se dio vuelta, llamado soberanamente a ser apóstol a los gentiles. A donde quiera que fuera, el apóstol era perseguido ferozmente por este grupo.

La estrategia sutil de los judaizantes

Después de dos viajes previos a los gálatas en los cuales Dios bendijo grandemente su siembra y luego la cosecha, Pablo siente la urgente responsabilidad de confrontarles con el gran peligro que representaba el abandono de la gracia de Cristo para someterse a la esclavitud de la ley. El apóstol quiso advertirlos de la manera más directa y apasionada.

Pero la táctica de los judaizantes no era atacar directamente a la persona de Cristo y su obra en la cruz, sino que buscaban agregar algo dando a entender que el sacrificio en la cruz no era suficiente. Decían en efecto que ciertos ritos y observaciones de la ley podrían agregar una mayor espiritualidad a sus vidas. Proponían la circuncisión que antes marcaba divinamente el pacto con Abraham en el Antiguo Testamento. Parecía todo aquello muy inocente y fácil de lograr.

Pero para poder agregar su última novedad tuvieron que desacreditar a Pablo y poner en tela de juicio su apostolado. Hechas estas dos cosas, los gálatas quedaron bajo el control de los falsos maestros. Era cuestión de eliminar a Pablo para, luego, tomar posesión de esos creyentes jóvenes y sinceros.

No ha cambiado mucho la misma estrategia del enemigo hoy día. **Pero agregar algo a Cristo por bueno que parezca no es nada más que deshacer lo hecho en la Cruz una vez y para siempre.** A lo perfecto no se puede agregar ni sugerir nada jamás. Esto es el punto clave de la Epístola a los Gálatas. Pablo lo confronta enérgicamente basando todo en la obra consumada de Cristo en la Cruz y aplicada al corazón por el Espíritu Santo.

Las divisiones principales de la Epístola a los Gálatas

La introducción de Gálatas 1:1-5 presenta en forma muy concisa su apostolado genuino, la centralidad de la obra de Cristo con un saludo algo seco pero sincero. Vuelve a tocar el meollo de la Cruz, la verdadera liberación de este mundo conforme a la voluntad de Dios. Deja claro que todo resulta para la gloria del Señor. No hay palabras de gratitud. Pablo reconoce a los gálatas y reafirma la autoridad de su mensaje.

La primera división consiste en Gálatas 1, 2. Pablo expresa su sorpresa y alarma frente a su situación; lo hace de forma dramática y contundente. Luego esgrime sus credenciales legítimas frente a los ataques directos e indirectos de los judaizantes. Establece de manera singular el apostolado directo que recibió del Señor, no dependiendo de ningún ser humano ni mucho menos de los demás apóstoles.

La segunda división la encontramos en Gálatas 3, 4. El apóstol establece la debida relación teológica entre la promesa a Abraham, la ley de Moisés agregada después y, finalmente, el triunfo de la gracia de Dios a través de la fe en Jesús. Analiza y ataca la motivación de los maestros falsos y exhorta a los gálatas a que vuelvan a la gracia de Dios.

La tercera división se compone de Gálatas 5, 6. Pablo trata profundamente la relación íntima entre los siguientes pares: la gracia y la ley, la fe y las obras, el Espíritu y la carne. Anima a los hermanos a llevar una vida victoriosa basada en la obra de la cruz, pero que sólo es posible por el poder del Espíritu que les fue dado.

El apóstol termina con jactancia: *"Pero lejos esté de mí gloriarme, sino en la cruz de nuestro Señor Jesucristo, por quien el mundo me es crucificado y yo al mundo. Porque en Cristo Jesús ni la circuncisión vale nada, ni la incircuncisión, sino una nueva creación"* (Gálatas 6:14, 15).

Verdades principales para tomar en cuenta

1. Pablo escribe a los gálatas porque los ama y teme por el gran daño espiritual que les pueda causar el error de los falsos maestros. Su motivación abarca sólo su bienestar espiritual.

2.   Aunque no los puede felicitar por su situación actual, tiene que serles fiel al reprenderlos y contestar bíblicamente esa verdad de suma importancia de la Cruz y la persona del Espíritu Santo. De esta manera les define la vida victoriosa en Cristo Jesús.

3.   En cierto sentido la epístola a los Gálatas es una anticipación emocionante de la epístola a los Romanos, la cual abarca las mismas verdades claves del evangelio pero de una manera sistemática y teológica.

4.   Esta epístola tiene una aplicación muy profunda hoy en día cuando muchos nos ofrecen una experiencia extra, los fascinantes dones, las visiones y profecías que aumentan nuestra "espiritualidad". Gálatas habla de la ley y la circuncisión que en nuestros tiempos ya no están de moda; sin embargo, el mismo peligro toma hoy una forma más sutil. Siempre parecen sustitutos de la verdad.

5.   En breve, buscar la manera de agregar algo, por buena que sea, a la obra de la Cruz es sustraer y poner en gran peligro la maravillosa gracia de Dios.

Capítulo 2
El escandaloso abandono de la gracia

Gálatas 1:1-10

Introducción

Tomamos nota del trasfondo histórico de la carta escrita por Pablo camino a Macedonia por el año 57. Pablo acababa de recibir evidencia agonizante de la entrada de los judaizantes en las iglesias del norte de Galacia y la abrupta acogida que les dieron a esos falsos maestros. El apóstol responde con una vehemencia tremenda al ver en peligro la verdad. Pablo se apresura a confrontarlos de manera directa y apasionada.

El meollo del problema era el acercamiento de los judaizantes o legalistas que sutilmente se insinuaban entre los convertidos sugiriendo que les faltaba algo, una mayor "espiritualidad". Para lograrla tenían que agregar al mensaje de Cristo un apego a la ley, que se representaba --en este caso-- por medio de la circuncisión y el guardar ciertos días y costumbres de los judíos. Sin duda apelaban al Antiguo Testamento, pero de esta manera le restaban a la suficiencia de la obra de Cristo consumada en la Cruz. Ponían en tela de duda el evangelio de la gracia de Dios.

Para lograr controlar los afectos de los hermanos, estos falsos maestros cuestionaban ahora el apostolado y el llamado de Pablo, quien era el padre en la fe de los convertidos en Galacia. El problema de los legalistas atormentaba a la iglesia primitiva y era el peor enemigo de Pablo en sus giras misioneras entre los gentiles.

La defensa del evangelio de la gracia y el saludo de Pablo (Gálatas 1:1-5)

Es importante tener en cuenta las preposiciones mencionadas en esta porción bíblica: **de** hombre, no **por** hombre sino **por** Jesucristo.[1] La autoridad y el mensaje de gracia de Pablo no vienen a través de la iniciativa de los hombres. No es ni de fuente humana ni tampoco por el canal de los hombres. En agudo contraste, la autoridad y el mensaje vienen por el canal de su encuentro impactante con Jesús en el camino a Damasco (Hechos 9:3) y por la intervención directa de Dios Padre quien resucitó a Jesús de los muertos.

Su llamado y su apostolado no admiten dependencia humana alguna. Lo afirma y lo defiende. Por una inferencia sucinta, Pablo se separa de una vez por todas de sus adversarios que no tienen esas credenciales divinas. Queda claro que no tiene que presentar sus credenciales, pues ellos mismos lo son.

Su saludo a los hermanos es conciso y no efusivo, como usualmente lo hace con otras iglesias, incluso con los corintios que habían representado un gran problema para el apóstol. No obstante, Pablo llama hermanos a quienes están en las iglesias de Galacia y con sobrada razón porque él presenció su conversión. En la carta se puede sentir la tensión ante el problema grave. De nuevo Pablo ofrece una intervención doctrinal que respira la

---

[1] J.B. Lightfoot, Epistle to the Galatians, seventh edition, (London: MacMillan and Co), 1881, 71. Quedo muy endeudado con los comentarios de este erudito inglés que había hecho un estudio minucioso de esta epístola. Sigo a menudo sus notas exegéticas y tienen el apoyo de la historia de la exposición bíblica.

autoridad del evangelio. En versos 4 y 5 reafirma la esencia del evangelio con claridad: *"el cual se dio a sí mismo por nuestros pecados para librarnos del presente siglo malo, conforme a la voluntad de nuestro Dios y Padre, a quien sea la gloria por los siglos de los siglos. Amén"*.

En esta brevísima afirmación doctrinal, Pablo vuelve a la Cruz: *"se dio a sí mismo para librarnos"*. Es cuestión de un verdadero rescate del peligro de la apostasía. Pablo anticipa el énfasis de ellos sobre ritos y costumbres judaizantes de este presente siglo malo; tales ritos van pasando, perdiendo su valor. Por contraste el evangelio de la gracia de Dios permanece para siempre y va ganando su valor en lugar de irlo perdiendo.

Toda esta vehemencia de Pablo en la defensa del evangelio de la gracia es para la gloria de Dios. El supremo atributo divino incluye todo lo infinito de Dios en una sola palabra que desafía. Esta introducción afiladora nos prepara para la fuerte reacción de Pablo frente a esta apostasía potencial. Es una apostasía en desarrollo y Pablo la va a desafiar.

El gran peligro: el escandaloso abandono de la gracia de Dios (Gálatas 1:6-7)

De golpe Pablo les desafía con la sorpresa, el afán y la indignación santa de este retroceso tan precipitado de parte de sus hijos en la fe. *"Estoy maravillado de que tan pronto os hayáis alejado del que os llamó por la gracia de Cristo, para seguir un evangelio diferente"* (Gálatas 1:6). No da vueltas antes de llegar a su carga pesada. Dice que no puedo comprender el abandono, no tan sólo del evangelio que les había encomendado sino también *"del que os llamó"*.

Esto es dar la espalda a Dios mismo. El apóstol los está calificando de traidores; el término que usa es término militar: es ser renegado y desertor. No es problema de una interpretación alternativa sino un abandono, apostasía incipiente frente a la verdad de Dios. Podemos sentir el tremendo impacto que Pablo siente en su espíritu.

Otro matiz en esta alegación es que abandonaron la gracia de Dios de manera tan pronta o tan irreflexivamente. Dieron un paso fatal sin tomar en cuenta las consecuencias desastrosas para seguir un evangelio diferente. Pero Pablo se corrige: *"no que haya otro"* (v.7). Sólo puede haber uno, único y vital. Pablo escoge bien la palabra "otro" indicando no otro al lado y que acompaña sino "otro" de diferente origen, totalmente contrario en su esencia.

No es cuestión por debatir; llegamos más bien al corazón de la verdad. Pablo no tolera ni admite semejante comparación porque el evangelio de la gracia de Dios es de Dios; no hay otro diferente. La cuestión es: o es de Dios mismo o es del hombre. Tal pensar sería blasfemia.

Pablo pone el dedo en la llaga: *"hay algunos que os perturban y quieren pervertir el evangelio"*. Pablo discierne bien que tras este brusco cambio hay quienes buscan seguidores a quienes puedan controlar y usar para su propio beneficio. Tras la mala doctrina siempre se esconden los emisarios de Satanás que se oponen a Cristo.

Más adelante en la vida Pablo, escribiendo desde la cárcel en Roma, habla de esos falsos mensajeros: *"Algunos, a la verdad, predican a Cristo por envidia y contienda; pero otros de buena voluntad. Los unos anuncian a Cristo por contención, no sinceramente, pensando añadir aflicción a mis prisiones"* (Filipenses 1:15,16). Tristemente hay los que hoy día hacen mercancía del evangelio para fines egoístas.

La medida de este escandaloso abandono (Gálatas 1: 8-10)

Lo que sigue en Gálatas 1 nos va a sorprender. Primero, Pablo se imagina un caso hipotético, usando el modo subjuntivo como si no fuese posible. De esta manera se profundiza su escándalo. *"Mas si aun nosotros, o un ángel del cielo, os anunciare otro evangelio diferente del que os hemos anunciado, sea anatema"* (v. 8). Se supone que sí fuera el caso, sería algo tan increíble que un ángel predicara semejante sustituto falso—realmente sería imposible.

Pero en el verso 9 agrega lo mismo pero con este cambio notable en el modo indicativo afirmando la presente realidad alarmante. *"Como antes hemos dicho, también ahora lo repito: Si alguno predica diferente evangelio del que habéis recibido, sea anatema"*.

Para algunos lectores pudiera ser sólo una repetición diciendo lo mismo otra vez para llamar la atención. Pero los amadores de la gramática sabemos que estos dos modos, el subjuntivo y el indicativo, representan dos mundos diferentes del pensar. El subjuntivo propone lo irreal, lo no muy probable, lo incierto en un futuro pendiente, pero el indicativo nos trae a la realidad histórica, lo presente, lo seguro y firme. De esta manera Pablo les acerca al **anatema,** con esta palabra fuerte y devastadora.

La palabra **anatema** es fortísima en su denuncia. Aparece en 1 Corintios 16:22*: "El que no amare al Señor Jesucristo, sea anatema. El Señor viene"*. La historia de esta palabra es interesante. Pudiera tener un sentido positivo, algo reservado a Dios como su posesión exclusiva, pero tiene su trasfondo histórico que se halla en el pecado de Acán en Josué 6:17, 18.

En la toma de Jericó Dios había dicho*: "Y será la ciudad anatema a Jehová, con todas las cosas que están en ella; solamente Rahab la ramera vivirá… pero vosotros guardaos del*

anatema; ni toquéis, no toméis alguna cosa del **anatema**, no sea que hagáis **anatema** el campamento de Israel, y lo turbéis".

Sabemos que Acán tomó de lo prohibido, lo reservado exclusivamente para Dios. Acán era culpable por su acto de pura desobediencia. Después de la derrota de Israel en Hai, Dios dijo: "*Por esto los hijos de Israel no podrán hacer frente a sus enemigos, sino que delante de sus enemigos volverán la espada, por cuanto han venido a ser **anatema**; ni estaré más con vosotros, si no destruyereis **el anatema** de en medio de vosotros*" (Josué 7:12).

No existe palabra más fuerte y devastadora que Pablo pudiera haber usado en esta situación. Tal es la medida de la vehemencia de Pablo contra esta plaga infiltrándose en los gálatas. Podemos sentir su indignación santa ante la amenaza. El apóstol no puede tolerar el hecho de que el evangelio que les predicó esté en peligro de pervertirse irremediablemente.

Pablo responde: "*Pues, ¿busco ahora el favor de los hombres, o el de Dios? ¿O trato de agradar a los hombres? Pues si todavía agradara a los hombres, no sería siervo de Cristo*" (v.10). Para Pablo no puede haber otra motivación que la de complacer a Dios y honrar su gracia en su plenitud.

Cómo se presenta el legalismo hoy en día

Pero uno pudiera decir: ¿No es esto demasiado duro y extremo cuando sólo trataban de agregar un rito de la ley u observación de cierto día que tiene el trasfondo en el Antiguo Testamento?

Hoy en día hay los que diluyen el evangelio a la auto-estima, la búsqueda de auto-realización y el éxito en la vida personal. Se escriben y se compran miles de tales libros con el "evangelio lite".

Pero para Pablo no era nada insignificante, porque era predicar no la gracia de Dios sino las buenas obras como el medio de aumentar nuestra aceptación delante de Dios. Agregar algo de parte nuestra --por bueno que pareciera-- resulta en orgullo religioso; Dios no soporta eso nunca.

Agregar aun algo a la obra de la cruz, a la gracia de Dios para con los inmerecidos, es invalidar la muerte de Cristo que sigue siendo la única base y medio de agradar a Dios. Sólo nos queda creer y obedecer a la Palabra de Dios en su sencillez con el resultado de la llenura del Espíritu Santo y el fruto del Espíritu.

Hoy en día, hay tantos que quieren que agreguemos algo que pudiera llevarnos a ser "más espirituales". Algunos buscan ser apóstoles por el poder y la influencia que les da; otros buscan la profecía para que puedan manipular e impresionar a los demás. Hay "encuentros" donde el énfasis es una nueva experiencia, nueva "bendición", nuevo "thrill".

En muchas partes del mundo se predica "la Teología de la Prosperidad" y millones la siguen. Dicen a sus feligreses inocentes: "Dame a mí y Dios te multiplicará en lo material". Otros dicen: "Pare de sufrir" como si fuera el evangelio. Siempre hay una nueva corriente, la próxima novedad. Pero al final de cuentas, estas corrientes que ofrecen tanto no rinden nada, no duran.

Algunos Adventistas del Séptimo Día y otras sectas promueven ciertos reglamentos, guardan el sábado sólo para gloriarse de que lo cumplen o para marcar una diferencia que los separa de los demás. En este escenario moderno, el énfasis no es en la gracia de Dios que produce la verdadera santidad, humildad, servicio y el amor por las almas.

Siempre han existido los extremos: el legalismo o el libertinaje. La Cruz es nuestra única protección contra los extremos. El legalismo siempre ha existido. Produce cierto tipo de "espiritualidad" basada en el orgullo "espiritual". Lo que podemos hacer por nuestras fuerzas resulta siempre en la comparación con otros, con la tendencia hacia nuestra ventaja.

La carne siempre busca donde gloriarse. Jesús mismo dijo: *"El Espíritu es el que da vida; la carne para nada aprovecha; las palabras que yo os he hablado son espíritu y vida"* (Juan 6:63). Pablo en Filipenses 3:3 identifica al verdadero creyente: *"Porque nosotros somos la circuncisión* (la verdadera en el Espíritu), *los que en espíritu servimos a Dios y nos gloriamos en Cristo Jesús, no teniendo confianza en la carne".*

El libertinaje se desacredita por los excesos sexuales, pero el legalismo se disfraza bajo ese "orgullo espiritual" donde uno se separa de otro por ser mejor, más "espiritual", más comprometido a los ritos y reglamentos externos de la religión. Los fariseos fueron los que crucificaron a Jesús al fin de cuenta.

Pablo recoge la sutileza del legalismo y hace frente a él en esta epístola. Que Dios nos dé el discernimiento para reconocer esa trampa y no caer en ella. El legalismo es anatema para Dios y el mensaje de la Cruz.

Principios poderosos para tomar muy en cuenta

1. Empezar bien no nos garantiza un andar futuro recto. *"Vosotros corríais bien; ¿quién os estorbó para no obedecer a la verdad?"* Gálatas 5:7.

2. Pablo es fiel en la búsqueda del bienestar de sus hijos en la fe. Está dispuesto a hacerse "enemigo" de ellos para rescatar su fe. El líder espiritual se pone en peligro para contender por la fe.

3. El apóstol empieza la epístola con un breve sumario de lo esencial del evangelio. Es bien evidente que el centro de nuestro mensaje sigue siendo la centralidad de la obra de la

Cruz en su plenitud. La muerte y la resurrección de Cristo es *"el poder de Dios para salvación"*.

4. Pablo revela la pasión de su corazón hacia el evangelio de la Cruz y a la vez revela su pasión por los gálatas que estaban en gran peligro de ser traicionados por los judaizantes.

5. Por dos repeticiones, una en el subjuntivo y la otra en el indicativo, Pablo expone la gravedad de la situación espiritual. No es cuestión de unas interpretaciones de la verdad, más bien es el legalismo que destruye la gracia del evangelio y es anatema para Dios.

6. Llega el momento de ponerse firme ante las maniobras de la carne y defender la verdad.

7. Pablo revela aquí para con sus hermanos de Galacia *"tough love"* (el amor duro pero sincero) de un padre espiritual en la fe. Este cáncer tiene que morir o nos mata.

8. Como aplicación para hoy, podemos decir que todo lo que distrae y sustrae de la centralidad de Cristo es enemigo del evangelio. Hoy en día puede ser el entretenimiento de los hermanos por la música "rock", la exhibición de dizque don o la personalidad carismática de un "líder", entre otros.

9. Pablo defiende su apostolado y por ende su mensaje es contra todo ataque de la carne. No se defiende a sí mismo, sino que establece que su mensaje lo recibió directamente por revelación y por eso es autoritativo y apostólico.

10. Para el verdadero líder espiritual, ¡qué ejemplo es Pablo: pasión por el evangelio, amor para con los hermanos en peligro, fiel en corregir, apasionado por el mensaje de la Cruz!

Capítulo 3
Pablo defiende su evangelio contra los judaizantes

Gálatas 1:11- 2:10

Introducción

Es tiempo para la confrontación directa. Pablo hace frente al peligro de los gálatas, sus propios hijos en la fe. Con amor pero con franqueza los desafía a enfocar su mirada nuevamente en la verdad. El propósito del apóstol es que ellos entiendan las consecuencias que les acarrea el posible abandono del evangelio de la gracia de Dios. Están a punto de ser anatema ante Dios por aceptar --sin reflexionar-- los argumentos sutiles de los judaizantes, que efectivamente niegan la suficiencia de la gracia de Jesús.

Los judaizantes admiten la obra de Cristo, pero quieren agregar algo más que resulte en una "espiritualidad" superior. Tal es el espíritu del legalista. "Soy mejor que tú porque guardo estas reglas o ritos". Pero Pablo afirma que hacer eso sería negar a Cristo. No hay nada útil en las obras legalistas, antes por el contrario sería hacer vana toda la obra de la Cruz. No es posible agregar nada a lo que ya es perfecto. O nos basta Cristo o no nos basta. No hay una vía intermedia.

Pablo defiende su apostolado y su evangelio

Los judaizantes buscaban la manera de desacreditar a Pablo y su trabajo apostólico. Para separar a los gálatas de su padre en la fe tuvieron que cuestionar sus credenciales. Es difícil para el apóstol hablar de sí mismo, pero se ve obligado a hacerlo; era necesario que dejara en claro quién lo llamó y cuál había sido el proceso desde su conversión.

Los judaizantes siempre habían seguido a Pablo en sus viajes misioneros atacando su abandono de la ley y, según ellos, su traición a su herencia judía. Tergiversaban su ministerio para establecer sus propios fines de elevar el guardar de la ley y, por ende, invalidar la gracia hallada sólo en Cristo.

El primer argumento de Pablo: su trasfondo en el judaísmo (Gálatas 1:11-14)

Pablo hace un recorrido por su vida anterior; les recuerda que lejos de desconocer la ley antes él superaba a todos en su celo, su compromiso por establecer la ley de los padres. Sólo una intervención divina y dramática mientras caminaba a Damasco pudo cambiar el rumbo por el que transitaba.

El evangelista Lucas nos recuerda: *"Y Saulo consentía en su muerte* (la de Felipe, el primer mártir)... *y Saulo asolaba la iglesia, y entrando casa por casa, arrastraba a hombres y a mujeres, y los entregaba en la cárcel"* (Hechos 8:1, 3). *"Saulo, respirando aún amenazas y muerte contra los discípulos del Señor, vino al sumo sacerdote, y le pidió cartas... a fin de que si hallase a algunos hombres o mujeres de este Camino, los trajese presos a Jerusalén"* (9:1).

En ese encuentro genuino que nos describe el capítulo 9 de Hechos, Saulo llegó a ser Pablo. Este cara a cara con el Cristo resucitado lo lleva a reconocer la validez de la gracia de Dios en su propia vida. No hay otra manera para explicar esa vuelta absoluta que le da una nueva dirección y propósito a su existencia, cambia de ser perseguidor a ser defensor de la gracia de Cristo.

Ahora podía decir con plena confianza: *"pues yo ni lo recibí ni lo aprendí de hombre alguno, sino por revelación de Jesucristo"* (1:12). Podemos ver la transformación absoluta de Saulo, quien ahora pasa de ser un perseguidor de la fe a ser el predicador de esa misma fe. Para esto, no hay otra posible explicación que la misericordia y la gracia de Dios obrando en él.

El segundo argumento: el llamado divino y su historia pasada (Gálatas 1:15-24)

A Saulo no le quedó otra opción, pues la Biblia dice que le agradó a Dios desde el vientre de su madre revelar a Jesús en él. Cualquier creyente del Antiguo Testamento pudiera aceptar semejante hecho. Considérese el nacimiento de Isaac, de Jacob, de Samuel, de Juan el Bautista. Dios así escogía a los llamados. Tal intervención divina fue con el fin de revelar a Jesús y que lo predicara como *"luz a los gentiles"*.

A continuación Pablo no consultó con hombres por grandes que fuesen. Basta con revisar su itinerario después de su conversión: pocos días más tarde salió de Damasco, fue a Jerusalén, pero no lo quisieron aceptar por su previa mala fama. Sólo por la intervención de Bernabé pudo Saulo conocer a algunos hermanos.

Luego fue a Arabia y volvió a Damasco; tres años después, finalmente fue a Jerusalén para ver a Pedro y de paso a Jacobo, pero se quedó sólo quince días allí. Finalmente, fue a las regiones de Siria, su patria, y los hermanos únicamente sabían de él por nombre, pero –como dice el mismo apóstol-- *"glorificaban a Dios en mí"*.

Tercer argumento: el Concilio de Jerusalén (Gálatas 2:1-5; Hechos 15:1-35)

Pablo ahora hace memoria de una visita formal convocada por los líderes de la iglesia madre en Jerusalén. El problema de los demás apóstoles era precisamente el mismo problema que angustiaba a Pablo y a sus lectores. Detalladamente Pablo dice que fueron catorce años desde de su última visita corta a Jerusalén. J. B. Lightfoot calcula que la conversión de Saulo de Tarso fue en 36 d. C, su primer visita a Jerusalén en 38 y el Concilio de Jerusalén fue en 51 (p. 102).

Todo esto de las fechas y eventos fue para confirmar que no tenía tiempo ni tampoco deseaba adquirir de otros el mensaje de la gracia de Dios. Todo apuntaba hacia una revelación suprema que le daba autoridad y autenticidad a lo que decía, en comparación con los judaizantes que alegaban que su mensaje era inferior.

Se convocó esta augusta audiencia con el fin de resolver de una vez y para siempre el problema que perturbaba a la iglesia en su avance hacia el mundo gentil; Pablo estaba al frente de este movimiento. La cuestión por tratar era crucial: ¿tenía que hacerse judío el gentil que confiaba en Cristo? ¿Era obligatorio que el creyente gentil observara como los judíos los ritos y ceremonias permitidas en esa primera generación de creyentes? ¿La circuncisión, la señal del judío, debía ser requisito para el gentil convertido?

Es cierto que había judíos creyentes débiles en la fe y además hubo hermanos falsos (Gálatas 2:4) que apoyaban tales restricciones. Para Pablo y Bernabé la pura gracia del evangelio de Dios estaba envuelta en gran peligro y en juego.

Pablo con mucho coraje y delicada sabiduría iba con Bernabé y con Tito, un gentil como toque de piedra. Por revelación de Dios (2:2), Pablo asistía a este concilio para presentar, primero, ante los de *"cierta reputación"* el fruto de su ministerio entre los gentiles. Sabiamente quería tener la audiencia primero entre los supuestos dirigentes y no ante los de doble ánimo.

Tito fue recibido como hermano gentil en Cristo sin haber tenido que ser circuncidado. Sin embargo, se complicaban un poco las cosas por los falsos hermanos que se habían infiltrado entre los hermanos judíos para espiar la libertad que en Cristo tenían los creyentes. Frente a tales falsos maestros, dice el apóstol, *"ni por un momento accedimos a someternos, para que la verdad del evangelio permaneciese con vosotros"* (2:5).

Cuarto argumento: el resultado del Concilio de Jerusalén (Gálatas 2:6-10)

Pablo sin faltar respeto alguno a los dirigentes dijo: *"Pero de los que tenían reputación de ser algo (lo que hayan sido en otro tiempo nada me importa; Dios no hace acepción de personas), a mí, pues, los de reputación nada nuevo me comunicaron"* (2:6). Triunfó, pues, el mensaje de la gracia. Hubo sugerencia en cuanto a que ayudasen a los pobres, lo cual Pablo siempre había hecho (v.10).

Otra victoria muy importante fue que el Concilio reconoció oficialmente los dos ministerios de los apóstoles de mayor renombre: Pedro, el apóstol a los judíos, y Pablo, confirmado y apoyado como el apóstol a los gentiles.

Era un paso gigantesco el que se había dado para confirmar la libertad en Cristo. Quedaba claro que no se requería nada de la ley sino sólo la pura gracia y fe en Cristo. El Concilio de Jerusalén termina con un gesto fraternal de reconocimiento en el que Jacobo (medio hermano de Jesús), cabeza de la iglesia en Jerusalén, Cefas (Pedro) y Juan le dieron *"la diestra en señal de compañerismo, para que nosotros fuésemos a los gentiles, y ellos a la circuncisión"* (v.9).

¿Qué busca Pablo decir a los gálatas con todo esto?

Quizá nos parece todo esto un detalle somero de la historia ya pasada. Pero no lo era. En el momento crítico del desarrollo de la expansión del evangelio, las consecuencias hubieran sido mucho más allá de nuestra comprensión presente. Si hubiera resultado de otra manera, ***Cristo habría muerto en vano***. No hubiera habido mayor catástrofe que ésa que hacía nula la muerte expiatoria de Jesús.

En el pasaje que sigue, el cual trataremos en el próximo capítulo, Pablo dice al final: *"No desecho la gracia de Dios; pues si por la ley fuese la justicia, <u>entonces por demás **murió Cristo**"</u>* (Gálatas 2:21). ¿Pudiera haber sucedido una consecuencia más destroza? De ninguna manera. Guardar la ley habría puesto la base de las obras religiosas, las tradiciones, los ritos litúrgicos, las obras buenas como medios humanos para la salvación. Habría quedado el mero esqueleto del cuerpo sin la vida de Cristo, la clave de la salvación.

¿Qué quiere decir esto para nosotros hoy?

En la naturaleza humana hay necesidad de aportar algo para que uno se sienta bien. Si se logra algo, tal tiene valor; el constante deseo de dar, de hacer, se ve en tanta actividad religiosa. Tras tal actividad existe la confianza engañosa de que podemos hacer algo por nuestros propios medios.

El Testigo de Jehová tiene que visitar de casa en casa con la esperanza de alguna recompensa futura. Asistir a la misa trae algún mérito futuro. Difícil es aceptar la premisa bíblica que no podemos hacer nada que impresione a Dios. La Cruz de Cristo nos elimina en términos de nuestra aportación y mérito.

Sólo recibimos de Dios por fe con ***la mano extendida pero vacía***, agradeciendo el favor de la gracia de Dios en Jesús. Cristo dijo: *"Sin mí nada podéis hacer"* (Juan 15:5). El orgullo humano tanto en el incrédulo como en el creyente es tal que quiere hallar valor en alguna obra o mérito religioso. Para el incrédulo la salvación en Cristo es demasiado simple. Le quita su valor. Para el creyente equivocado siempre es necesario hacer algo para aumentar su "orgullo espiritual". Tal es la plaga del legalismo siempre presente.

Cristo nos ilustra el caso definitivo de la auto-confianza en Lucas 18:9-10: "*A unos que confiaban en sí mismos como justos, y menospreciaban a los otros, dijo esta parábola: Dos hombres subieron al templo a orar: uno era fariseo, y el otro publicano. El fariseo, puesto en pie, oraba consigo mismo de esta manera: Dios, te doy gracias porque no soy como los otros hombres, ladrones, injustos, adúlteros, ni aun como este publicano*". A Dios ni siquiera le interesaba oír la lista de sus aparentes buenas obras.

Pero, al contrario, el publicano con una simple oración logró la justificación porque desde el corazón dijo: "*Dios, sé propicio a mí, pecador*" (Lucas 18:13). Cuando Cristo es todo y yo nada, allí está el perdón y la bendición de Dios; tal es el Mensaje de la Cruz: "*Ya no vivo yo, mas vive Cristo en mí*" (Gálatas 2:20).

Ahora, en forma mucho más sutil, puede existir la idea en la práctica hoy de que Cristo nos salva, pero con un gran "pero". Hay algo más que se debe adquirir: una nueva experiencia, un don especial, una sanidad, una profecía, una novedad por descubrir. Claro algunas de estas experiencias Dios nos las puede dar, pero nunca sería aparte de la obra de Cristo en la cruz.

No sería nunca para nuestro orgullo espiritual, ni para nuestro propio interés. Dios no es quien sólo nos da prosperidad según el capricho nuestro. Cuánto más andamos con Dios tanto más profundizamos las riquezas de Cristo, pero eso siempre es para la gloria de él y la humillación nuestra ante su presencia.

En los coros celestiales tendremos sólo un cántico: "*Y cantaban un nuevo cántico, diciendo: Dignos eres de tomar el libro y de abrir sus sellos; porque tú fuiste inmolado, y con tu sangre nos has redimido para Dios, de todo linaje y lengua y pueblo y nación; y nos has hecho para nuestro Dios reyes y sacerdotes, y reinaremos sobre la tierra… decían a gran voz: El Cordero que fue inmolado es digno de tomar el poder, las riquezas, la sabiduría, la fortaleza, la honra, la gloria y la alabanza… Al que está sentado en el trono, y al Cordero, sea la alabanza, la honra, la gloria y el poder, por los siglos de los siglos"* (Apocalipsis 5:9, 10, 12, 13).

Verdades poderosas que debemos tomar muy en cuenta

1. Pablo establece más allá de cualquier duda que su evangelio procedía de Dios y de ninguna manera pudo haberlo recibido de otra fuente, ni aun haberlo aprendido de otro líder de mayor categoría o prestigio.

2. La esencia del evangelio en Cristo es que todo gira alrededor de Dios y su iniciativa. Nos recuerda que lo que hizo en la cruz a través de su Hijo fue de una vez y para siempre.

3. El legalismo en toda forma en que se nos presente es un rotundo rechazo de la gracia de Dios. Sustituye en alguna forma la actividad humana por la de Cristo.

4. Para el creyente hoy en día el legalismo es una sutil tentación porque sustituimos los méritos de nuestro servicio, nuestra fidelidad, nuestro andar conforme a la carne en forma tal que Dios no lo puede aceptar. *"Y los que viven según la carne no pueden agradar a Dios"* (Romanos 8:8). Este verso viene en el capítulo dirigido al creyente. ¡Qué aplicación para hoy!

Capítulo 4
La cruz resuelve el conflicto entre Pablo y Pedro

Gálatas 2:11-19

Introducción

Una vez hemos recorrido Gálatas 2:1-19, encontramos un verso frecuentemente citado y de inestimable valor en la carrera de la fe: *"Con Cristo estoy juntamente crucificado, y ya no vivo yo, mas vive Cristo en mí; y lo que ahora vivo en la carne, lo vivo en la fe del Hijo de Dios, el cual me amó y se entregó a sí mismo por mí"* (v.20). En el mundo cristiano se reconoce este verso, pero *¿realmente entendemos su contexto y su teología?*

Este verso nos abre todo el libro de Gálatas y a la vez nos introduce a la vida cristiana. Que Dios *"os dé el espíritu de sabiduría y de revelación en el conocimiento de él, alumbrando los ojos de vuestro entendimiento, para que sepáis cuál es la esperanza a que él os ha llamado, y cuáles las riquezas de la gloria de su herencia en los santos, y cuál la supereminente grandeza de su poder para con nosotros los que creemos, según la operación del poder de su fuerza"* (Efesios 1:17-19).

Esta oración de Pablo es nuestra entrada en la gloria de nuestra herencia. En Gálatas 2:20 Pablo nos abre su corazón y explica su apego a Cristo en muerte y en resurrección. Ese andar en **identificación** con el Crucificado debe ser nuestro compromiso ahora y siempre.

El trasfondo de este encuentro entre dos grandes apóstoles (Gálatas 2:11, 12)

El impacto de este pasaje se aumenta en gran manera, especialmente cuando se toma en cuenta la experiencia de Pedro en la casa de Cornelio (Hechos 10:1-48), igual sucede con la defensa de Pedro ante la iglesia madre de Jerusalén (Hechos 11:1-18) y, por último, vemos ese impacto durante el Concilio en Jerusalén (Hechos 15:1-35). En la primera ocasión, no quiso comer nada inmundo. Dios tuvo que dormirlo para convencerle de que en Cristo no había nada inmundo, el evangelio es para todos.

Con la visión que Pedro tuvo mientras dormía, Dios lo estaba preparando para la próxima visita a la casa de Cornelio, el centurión romano. El apóstol quedó convencido de que Dios no hace acepción de personas y tras la prédica se abrió la puerta a los primeros gentiles en el Cuerpo de Cristo. Pedro había sido renuente antes, pero ahora él era un obediente mensajero del evangelio.

En la segunda ocasión en Hechos 11:1-18, al regresar Pedro a Jerusalén, los judaizantes y hermanos le reclamaron pública y fuertemente. Pero Pedro se defendió acerca del tema de los gentiles. La comprobación contundente fue que los gentiles se salvaron y hablaron en lenguas precisamente como los mismos judíos en el Día de Pentecostés. Nadie pudo negar la entrada de ellos con base en la gracia de Cristo solamente. Pedro llegó a ser defensor de los gentiles.

En la tercera ocasión, en el augusto Concilio de Jerusalén registrado en Hechos 15:1-35, Pedro había dicho: *"Y después de mucha discusión, Pedro se levantó y les dijo: Varones hermanos, vosotros sabéis cómo ya hace algún tiempo que Dios escogió que los gentiles oyesen por mi boca la palabra del evangelio y creyesen. Y Dios, que conoce los corazones, les dio testimonio, dándoles el Espíritu Santo lo mismo que a nosotros"* (vv.7, 8). Su argumento fue irrefutable. Otra vez defendió la gracia de Dios en recibir a los gentiles sin que fuesen guardadores de la ley y sus reglamentos.

La vacilación de Pedro ante todos en Antioquia (Gálatas 2:12, 13)

No estamos preparados para lo siguiente, especialmente viniendo de parte del vocero del evangelio que Dios usó para abrir la puerta tanto a los judíos en el Día de Pentecostés como a los gentiles en casa de Cornelio. Ahora, en Antioquía, Pedro motivado por su temor de los de la iglesia madre en Jerusalén y en defensa de su propia reputación, se retraía de los hermanos gentiles y comía sólo con los judíos. ¡Qué media vuelta tan desastrosa y delante de los hermanos gentiles!

Escucha la versión inspirada de esta gran caída de Pedro. *"Pues antes que viniesen algunos de parte de Jacobo, comía con los gentiles; pero después que vinieron, se retraía y se apartaba, **porque tenía miedo de los de la circuncisión"*** (2:12). En ese momento difícil, Pablo se dio cuenta de la vacilación y el repudio práctico de la gracia de Dios. Era el repudio de lo que él mismo antes había defendido. En medio camino Pedro dio vuelta; el discernimiento de Pablo y su reprensión pública de Pedro no fue nada personal sino el análisis del Espíritu Santo por boca de Pablo. La motivación de la hipocresía de Pedro en dicho momento crítico fue miedo, orgullo, egoísmo, era una respuesta de la carne.

Podemos hacernos la pregunta: ¿Cómo pudo Pedro, el defensor de la gracia de Dios, desconocer en dicho momento sus propios principios? Y además hacerlo en un foro tan público. La respuesta de aquel entonces y de hoy es muy sencilla: la fuerza de nuestra carne, el miedo paralizante ante los que conocemos mejor, nuestro deseo de ser visto como parte de ellos. En otras palabras, la fuerza de nuestro orgullo "espiritual".

Tan traicionera es la hipocresía que a la misma vuelta está nuestra caída. *"Así que, el que piensa estar firme, mire que no caiga"* (1 Corintios 10:12). Con razón Jesús dijo: *"El espíritu es el que da vida; la carne para nada aprovecha; las palabra que yo os he hablado son espíritu y son vida"* (Juan 6:63). Nuestro único recurso preventivo es depender del Espíritu y la Palabra de Dios.

Si lo de Pedro fue malo, peor aún fueron las consecuencias inmediatas, los demás hermanos judíos se dejaron llevar. Bernabé, el mismo compañero de Pablo en la primera visita a Jerusalén y luego ante el Concilio, también se dejó llevar. ¡Qué mal testimonio, pero peor aun fue este ataque frontal contra la gracia de Dios, la base de la salvación! Como si fuera necesario que el gentil se hiciese judío para ser creyente en Cristo. ¡Qué confusión hubiera creado en la mente de los nuevos convertidos gentiles!

La valentía de Pablo lo convierte en defensor de la gracia de Dios

Aquel momento fue crucial. El acto hipócrita de Pedro fue público delante de todos los hermanos. No fue tiempo para consultarle privadamente y calmar el asunto. No, Pablo tuvo que hacerle frente ante todos. Tal respuesta demandaba una valentía, un compromiso singular ante aun uno de gran categoría. Por eso Pablo dijo: *"Pero cuando Pedro vino a Antioquía, le resistí cara a cara, porque era de condenar... Pero cuando vi que no andaban rectamente* (derecho) *conforme a la verdad del evangelio, dije a Pedro delante de todos..."* (2:11, 14). Podemos imaginar la tensión, el drama de aquel momento.

Pero debemos reconocer que no fue nada personal entre Pedro y Pablo, porque no quedó en tela de duda la reputación de Pablo. *Era la fidelidad a la verdad, el mismo corazón de la gracia de Dios, que dicho sea de paso es el mismo argumento de toda la Epístola a los Gálatas.* Pablo incluyó esta confrontación no para ponerse encima de los demás, sino para no sacrificar nunca la base de la salvación.

Esto nos enseña que hay momentos para consultar aparte los asuntos privados, como Pablo al llegar al Concilio tocante a la circuncisión de Tito (Gálatas 2:2). Pero también hay momentos de confrontación pública, y es en este tiempo cuando se debe hacer todo en el espíritu de la Cruz. Pablo reconoció lo sutil de la carne, el pecado del orgullo y el miedo. La táctica nuestra, tan a menudo, es defendernos ante quienes nos acusan y reprenden. Es tan fácil querer quedar bien con todos, pero no a costo de la verdad. Dios nos dé hoy día más hermanos como Pablo.

La firmeza de Pablo al tratar con la hipocresía de Pedro (Gálatas 2:14)

Lo que sigue en nuestro pasaje es un patrón, un paradigma de cómo tratar con un hermano que está en error. Nuestra carne sabe denunciar, juzgar, reprender con base en la verdad como la vemos. Cuando un orgulloso, intentando ser correcto, denuncia a otro hermano equivocado esto resulta en una confrontación sin solución. Es un callejón sin salida. Ambos resultan más en contra que nunca y más distanciados.

Pablo no sigue ese sistema de pura confrontación. Es cierto que lo resistió cara a cara y delante de todos por haber sido un mal testimonio público. Claramente Pablo estableció y definió el error. Para que nadie se confundiese, Pablo se dirigió directamente a Pedro. Tres veces Pablo dice: **"tú"**, **"vives"**, **"obligas"**. Era fiel en hablar franco y directo. *"Fieles son las heridas del que ama; pero importunos los besos del que aborrece"* (Proverbios 27:6).

Si no hay tal franqueza, no resulta el trato eficaz del mal. No es tiempo de hablar con generalidades ni dar vueltas. Pablo sigue el razonamiento lógico de la hipocresía de Pedro y el efecto malo en los demás a quienes los dos les servían (2:14). Allí está la franqueza, poniendo el dedo en la llaga.

Gálatas

La humildad de Pablo al tratar con la hipocresía de Pedro (Gálatas 2:15-17)

Ahora veremos una lección fuerte. La Cruz en nuestra vida nos capacita para tratar bíblicamente con los problemas del ministerio. Después de su fidelidad doctrinal, Pablo cambia el rumbo de su trato. **Cambia los pronombres de "tú" a "nosotros".** De esta manera, Pablo se pone a sí mismo en los zapatos de Pedro y revela su profundo concepto de la debilidad carnal del ser humano, aun en los más grandes. Pablo implícitamente dice. "Yo sé de dónde vienes, tu trasfondo judío en el cual estuve yo también; yo también lo hice, y aun lo peor".

Pablo nunca olvidaba que persiguió a la iglesia de Cristo: *"Habiendo yo sido blasfemo, perseguidor e injuriador; mas fui recibido a misericordia porque lo hice por ignorancia, en incredulidad"* (1 Timoteo 1:13). Pablo recordaba bien la mentalidad legalista judía para con los gentiles; de esa misma manera él había actuado en el pasado. El mismo había compartido ese prejuicio. Con este reconocimiento y explicación suaviza sus palabras.

En los tres versos (vv.14-17) Pablo recuerda su vida en Adán, no en Cristo. Al recordar su vida vieja, se identifica con la actuación de Pedro. No fue que no la condenase sino que mostró lo ilógico y lo contrario que era su hipocresía en predicar una verdad y vivir otra. Pablo esgrimió la verdad básica que Pedro sostenía, aunque su conducta en ese momento fuera contraria a ella.

Apeló a Pedro y a las implicaciones que hacían que como pudiera verse como Cristo fuese *"ministro de pecado"* -cosa tan inimaginable (2:17). Edificar para predicar a Cristo y la salvación por la misma gracia y luego desmantelar la verdad por no practicarla deja mucho por desear. Esta actuación no se puede justificar de ninguna manera.

Pablo tocó lo que tenían en común, es decir, la doctrina cardinal de la justificación por la fe sin las obras de la ley. Pedro en su corazón no pudo ni quiso negar esa verdad. De esta manera, al incluirse, Pablo suaviza la reprensión con el fin de tocar el corazón sincero de Pedro. Aquí se ve la sabiduría y la ternura de Pablo sin perjudicar en nada la verdad tan importante. Debemos tratar a los demás con un profundo sentido de nuestra fragilidad. Sólo Dios nos mantiene en el momento de la tentación cuando surja el miedo al daño que pueda sufrir nuestra reputación.

Pablo, muerto a ley y quebrantado por la Cruz, introduce su testimonio (Gálatas 2:18, 19)

Pero hay otro cambio de pronombre de "tú" (v.14) a "nosotros" (vv.15, 16) y ahora a "yo" incluidos en los verbos (vv.18, 19): *"Porque si las cosas que destruí, las mismas vuelvo a edificar, transgresor me hago. Porque yo por la ley soy muerto para la ley, a fin de vivir para Dios"*. Es difícil saber si éstas son las mismas palabras habladas en aquel momento tenso o si son los comentarios de Pablo después con respecto al incidente.

De todos modos, Pablo deja a un lado a Pedro y se pone a sí mismo en el primer plano. Ésta es *la verdadera humildad.* Pablo se lo dice de esta manera a Pedro. Yo pudiera haber hecho lo mismo. Así vivía yo una vez: *"Aunque yo tengo también de qué confiar en la carne. Si alguno piensa que tiene de qué confiar en la carne, yo más: circuncidado al octavo día, del linaje de Israel, de la tribu de Benjamín, hebreo de hebreos; en cuanto a la ley, fariseo; en cuanto a celo, perseguidor de la iglesia; en cuanto a la justicia que es en la ley, irreprensible. Pero cuántas cosas eran para mí ganancia, las he estimado como pérdida por amor de Cristo"* (Filipenses 3:4-7).

Pablo decía que si él regresara a vivir como antes, confiando en la ley y sus reglamentos, estaría haciendo todo lo contrario a lo que había venido edificando. No le era posible, porque la ley intervino para mostrarle su pecado en semejante estilo de vida. Ahora Pablo toca el verdadero propósito de la ley. En Gálatas 3 va a tratar la ley doctrinalmente. Aquí la muestra en términos de su unión con Cristo y en cuanto a lo práctico. Los legalistas decían o implicaban que la ley debía ser obedecida para ganar la plena bendición de Dios, como si fuese dada para agregar algo más al creyente.

Al contrario, Pablo dice que la ley lo mató (Romanos 7:7-9). No es por el esfuerzo sincero, ni rito religioso alguno, sea cual fuere, que logramos vivir en la victoria de la Cruz. La ley nos hace hipócritas: "Pedro, tal como tú nos has mostrado". Pablo hace la aplicación a sí mismo en lugar de denunciar directamente a Pedro. Pablo siente la atracción de la carne, pero la ley sólo condena; nos deja bajo la ira de Dios.

Pablo pone la nueva perspectiva divina frente a la ley, perspectiva perdida por Pedro

Pero hay otro uso de la ley y es realmente la razón por la que Dios nos la dio. La ley nos hace pecadores, porque ninguno puede cumplir con todo lo que la ley demanda. *"Maldito todo aquel que no permaneciere en todas las cosas escritas en el libro de la ley, para hacerlas"* (Gálatas 3:10).

La perfección que la ley demanda de nosotros nos mata. Resultamos inútiles, muertos, condenados. En ese sentido Pablo dice: *"yo por la ley soy muerto para la ley, a fin de vivir para Dios"* (2:19). La ley es nuestro ayo que nos conduce a Dios. *"De manera que la ley ha sido nuestro ayo, para llevarnos a Cristo, a fin de que fuésemos justificados por la fe"* (Gálatas 3:24).

Parece muy larga esta introducción a Gálatas 2:20, pero realmente establece la gracia de Dios a través de la Cruz como el único camino a la victoria, tratando con la hipocresía, el orgullo nuestro, el miedo y el egoísmo aún de aquellos que nos consideramos "mejores". Pablo le explica a Pedro el por qué de su respuesta amorosa frente a esta situación.

Pablo le recuerda a Pedro que en Cristo murió a sí mismo y a la ley. Ahora sólo vive para con Dios. Romanos 6-8 abarca el mismo terreno, pero en Gálatas tenemos una situación en la que podemos identificarnos. **Nadie queda exento de la carne, pero la Cruz es la última palabra de Dios para que realicemos su presencia santa en nuestras vidas.**

Ya que existe una estrecha relación entre Romanos y Gálatas, Pablo en Romanos 7 se dirige a esta relación ya rota en la muerte de Cristo. La expresa clara y positivamente en Romanos 7:4: *"Así también vosotros, hermanos míos, habéis muerto a la ley mediante el cuerpo de Cristo, para que seáis de otro, del que resucitó de los muertos, a fin de que llevemos fruto para Dios".* ***Afirma Pablo que la vida en Cristo es un sumo querer y no un frustrante deber.***

No es por la ley, ni por guardar sus reglamentos, es más bien debido a la unión de nuestro matrimonio espiritual con el novio resucitado, Cristo. El resultado de tal unión mística será fruto para Dios en una victoria diaria. En Romanos 7:7-24 Pablo revela como en dicha ocasión una vez practicaba tal hipocresía y le resultó en un *"¡Miserable de mí! ¿Quién me librará de este cuerpo de muerte?"* (v.24).

Ahora, el apóstol responde reconociendo su posición que lo identifica con Cristo en muerte al pecado y vivo para Dios en Cristo Jesús (Romanos 6:11). Tal posición resulta en *"Gracias doy a Dios, por Jesucristo Señor nuestro"* (7: 25).

Verdades prácticas por aprender

1. Los líderes más renombrados pueden caer en un momento como éste, es un tiempo en que no mantienen por fe su posición en Cristo muertos a la ley y vivos para Dios, como les sucedió a Pedro, Bernabé y los demás judíos.

2. La atracción del orgullo, el deseo de mantener la reputación y el miedo a los demás presentan una trampa constante para los mejores - Pedro y Bernabé.
3. Llega el momento de tratar con valentía y humildad tales caídas, no olvidando nunca la debilidad de quien reprende al otro – Pablo
4. La ley sólo sirve para matarnos. Por lo tanto no estamos bajo la ley sino bajo la gracia, casados con Aquel que resucitó de la muerte – tú y yo.
5. Sólo la cruz aplicada diariamente es la respuesta divina a la carnalidad que siempre está presente en nosotros. Ya estamos listos para apreciar la gloriosa verdad de Gálatas 2:20: *"Con Cristo he sido juntamente crucificado, y ya no vivo yo, mas vive Cristo en mí..."*

Capítulo 5
Gálatas 2:20 - La verdad cumbre de nuestra unión con Cristo

Gálatas 2:20, 21

Introducción

Con inocultable emoción citamos de memoria Gálatas 2:20: *"Con Cristo estoy juntamente crucificado, y ya no vivo yo, mas vive Cristo en mí; y lo que ahora vivo en la carne, lo vivo en la fe del Hijo de Dios, el cual me amó y se entregó a sí mismo por mí".* Suena bonito y muy espiritual, pero ¿de veras nos damos cuenta de lo que significa en nuestro andar diario? Para mí no hay versículo más clave, más crítico que éste. Decirlo es una cosa, en cambio vivirlo en el crisol de la vida es otra.

En ese encuentro serio de Pablo con Pedro quedaba en tela de duda la verdad del evangelio; Pablo responde con esta verdad personal y práctica. Explica su reacción correcta ante Pedro en términos de su co-crucifixión e identificación con Cristo en la Cruz. Éste era el mensaje central de Pablo frente a todo problema ya sea que fuera personal o colectivo.

Breve repaso del contexto: Pablo choca con Pedro ante los hermanos

Nuestro estudio de Gálatas 2:20 forma parte de un contexto más amplio en el cual Pablo autentica su apostolado, su derecho de hacer frente a los maestros de la ley que hacían daño a los creyentes en Galacia. Empieza en Gálatas 1:11-24 narrando su conversión y la revelación inmediata del evangelio independientemente de los demás apóstoles. Lo recibió directamente de Cristo.

En Gálatas 2:1-10 apela a su muy limitado contacto con los de Jerusalén. En ese augusto concilio no le agregaron nada; al contrario le dieron *"la diestra en señal de compañerismo"* (2:9).

Pero Gálatas 2:11-21 nos presenta un choque en plena asamblea entre los dos grandes dirigentes, el apóstol a los judíos y el apóstol a los gentiles. Pedro antes comía a gusto con los gentiles en Antioquía, en señal de la recepción de los gentiles quienes ahora eran uno en Cristo. Recordaba que había ido a predicar a casa de Cornelio, el centurión romano (Hechos 10:9-48).

Todo iba muy bien hasta que llegaron algunos de Jerusalén, 'compadres' de Pedro de la iglesia madre. De repente, y en contra de todo lo predicado, Pedro se retraía de los gentiles para no comer con ellos como antes. Ahora ante todos se presenció el escándalo de la hipocresía y la negación abierta del mensaje clave de que en el evangelio todos son iguales en Cristo por la pura gracia. Pedro actuó con orgullo, miedo y con miras de mantener su reputación ante los suyos y los judaizantes. Pablo reconoció de inmediato la hipocresía de Pedro y tomó cartas en ello.

Pablo con mucha valentía, al discernir la carnalidad de Pedro, lo desafía cara a cara ante todos. Pone el dedo en la llaga y lo reprende. Pablo no quiso poner en peligro la piedra del ángulo del evangelio: salvos por la pura gracia, sin tomar en cuenta ninguna distinción racial ni religiosa.

Pero en esta alarmante confrontación Pablo da evidencia de mucha sabiduría y humildad. Aclara el principio clave, pero luego con el cambio de los pronombres suaviza y explica el mal de Pedro. Hasta se ve la ternura de Pablo en medio de la franqueza fuerte. Empieza con **"tú"** (v.14), luego a **"nosotros"** (vv.15-17) y finalmente *"si las cosas que destruí "yo", las mismas vuelvo a edificar, transgresor me hago"* (vv.18, 19).

Pablo aquí se identifica teóricamente con Pedro. En breve dice: "Pudiera yo haber fallado justo como fallaste tú, Pedro". No minimiza el mal de Pedro, ni toma una posición de santurrón. Y, con calma, Pablo dice que la ley con sus muchos reglamentos, lejos de salvarlo por el contrario lo mató, probando abiertamente su pecado. De esa manera murió a la ley cuando por fe se identificó con Cristo quien cumplió la ley y los salvó a los dos con base en su pura gracia.

Pablo pone en claro por qué no pudo dejarse llevar por el ejemplo de Pedro (Gálatas. 2:20)

Antes de la exégesis de Gálatas 2:20, meditemos en esta confrontación que destacó el choque entre el orgullo de Pedro en un momento de debilidad, aun siendo el paladín de Pentecostés, y el apóstol a los gentiles quien le confronta con amor. Para Pablo no era cuestión de rivalidad personal, ni de prestigio y fama. Valorizaba sólo la verdad, la consistencia ante los hermanos más débiles, al tiempo que quería poner el ejemplo de Cristo.

Por eso Pablo en su trato con Pedro no lo despreció sino que con un corazón sensible a sus propias debilidades, se identifica con él en cierto sentido. Hubo esta gran diferencia entre los dos: Pablo deja en claro que él pudo haber hecho lo mismo si no hubiera sido por la gracia de Dios y lo que le pasó una vez en aquella cruz que los dos predicaban. Pablo, en términos muy personales, le explica el cómo de la vida victoriosa.

Gálatas 2:20 es la joya en la corona de la vida cristiana en unión con Cristo. Es el *"anillo de sellar"* del creyente (Hageo 2:23). Es la gema incrustada en la vida resucitada. Es toda la verdad de nuestra identificación y nuestra participación desarrolladas en Romanos 5:12-8:31, todo aquí resumido en un solo versículo.

Gálatas

Logra más lustre porque viene en medio de una confrontación tan difícil pero necesaria. Pablo expresa valentía, humildad, ternura y abnegación, pero a la vez exalta al Crucificado. Hace que el Cordero de Dios sea el lema de los coros celestiales (Apocalipsis 5:12-14). No cabe duda de que éste es el dicho más místico de Pablo, místico en el mejor sentido de lo espiritual y duradero.

Exégesis de Gálatas 2:20: "Con Cristo…" - identificado con Él

El texto empieza con Cristo, al frente y en el centro. A la vez expresa nuestra unión vital que existió desde esa muerte en la Cruz hace dos mil años. Cambiando la figura literaria, era un verdadero injerto, una rama en la vid según Jesús mismo (Juan 15:1-8). Era y sigue siendo una unión orgánica, no teórica. El texto original no necesita la palabra "juntamente" porque ya se estableció ese enlace con Cristo que Dios hizo de una vez. *Fuimos co-crucificados.* Esto es mucho más que nuestra posición doctrinal. A veces se oye: "tal es nuestra posición", como si fuese teórico y sólo posicional no más. Pero basta Cristo.

"He sido crucificado" - es el punto de partida

El tiempo del verbo es crucial. No es tanto que ahora "estoy crucificado"; eso viene implícito. La idea predominante del tiempo perfecto pasado, voz pasiva es que **he sido crucificado** en un punto de tiempo en el pasado, una co-crucifixión verdadera que coincide con esa muerte expiatoria de tal modo que Pablo viva, en ese presente ambiente, bajo el poder y la eficacia de esa muerte que satisfizo a Dios de una vez para siempre.

En breve, cuando *Cristo murió al pecado* (Romanos 6:10), *yo morí al pecado* (Romanos 6:2). Morí con respecto a su poder dominante y su control. Ésta es la misma construcción verbal en estos dos versículos. En Romanos 6:2 morí al pecado y en Romanos 6:10 a él le tocó morir al pecado como nuestro sustituto.

Esta verdad aparece en Romanos 6:6: *"Conociendo esto, que nuestro viejo hombre **fue crucificado** (aoristo/pasado, voz pasiva) juntamente con él, para que el cuerpo del pecado sea destruido* (rendido nulo, cancelado), *a fin de que no sirvamos más el pecado".*

"Ya no vivo yo, mas vive Cristo en mí…" - consecuencia radical

Un comentarista dice: "No hay coma después de **vivo**". Es más bien una continuación de la misma vida resucitada de Cristo. Este dicho es radical, revolucionario. No quepo yo. Quedo muerto, sepultado, pero resucitado, una nueva persona, mi nueva identidad en Cristo. Esta gloriosa verdad soluciona lo heredado del Primer Adán, el triste pasado nuestro. No hay porque echarle la culpa a los antepasados nuestros ni a nuestra herencia. Claro, en el desarrollo de la vida espiritual hay los pasos de fe por tomar, pero en esa unión queda el nuevo potencial del **Mucho Más** que la vieja naturaleza adánica (Romanos 5: 9, 10, 15, 17, 20).

"Y lo que ahora vivo en la carne…" - realidad verdadera

Pablo es muy realista. El contexto de este versículo es el escándalo de un apóstol sincero. Pedro, a quien Dios había usado muchísimo, no se apropió en dicho momento de su posición con Cristo crucificado, más bien se dejó llevar por su orgullo y su reputación (1 Pedro 2:24). Por eso Pablo de manera realista antes usó la primera persona del singular, "yo", en Gálatas. 2:18,19.

Nadie queda exento de tener que vivir esta vida en este **cuerpo mortal,** como dice Romanos 6:12; 8:11-13. La Biblia no nos enseña la perfección alcanzada desde este lado, antes de llegar a la tumba, pero esto en sí no es excusa alguna para seguir pecando. *"Tenemos este tesoro en vasos de barro, para que la excelencia del poder sea de Dios, y no de nosotros"* (2 Corintios 4:7).

"Lo vivo en la fe del Hijo de Dios..." - el gran cómo

Pablo nos da la piedra de toque. Esta nueva posición tomada en fe, en pura fe, es el único modo de realizar en toda circunstancia la vida resucitada de Cristo. No es por los esfuerzos de la ley, ni por ninguna buena obra nuestra, ni el fiel servicio dado a Cristo, sólo por fe. Esta fe es el ambiente, el medio en que vivimos. El objeto de nuestra fe es Cristo y mi unión con él. Cuando me cuento muerto, vivo para Dios en Cristo Jesús (Romanos 6:11-14).

"El cual me amó y se entregó a sí mismo por mí" - acto final de amor

Pablo se da cuenta que esta crucifixión era un acto definitivo de amor puro. De esta manera Cristo nos libró de esa carga triste de nuestro "yo"; Cristo lo tomó como si fuese el suyo. Dios no consultó con Pablo ni conmigo cuando juzgó tajantemente inútil e incorregible nuestra carne.

Dios sabía que el único remedio posible sería la muerte, la de su Hijo y la tuya y la mía en él. Debemos atesorar esa unión aun cuando nos deja muertos al "yo" y así deja lugar para que su amado Hijo viva en nosotros.

Exégesis de Gálatas 2:21:"No frustro la gracia de Dios..." - meta de Pablo

Termina Pablo con el firme rumbo de su voluntad. Esta firmeza viene no de su mayor esfuerzo sino de la vida nueva que se deja florecer en su diario andar. Aun en medio de esta prueba y tensión con Pedro, Pablo dice sin jactancia alguna, no desecho, no obstaculizo la gracia de Dios. No caben la ley y sus reglamentos. Son más que inútiles frente al orgullo y el miedo. Al contrario pone el caso hipotético escandaloso: Si alguien pudiera jamás lograr por el puro esfuerzo de la ley la justicia de Dios, Dios se equivocó en gran manera por haber enviado a su Hijo a morir en vano. ¡Pensamiento inconcebible!

¿Cómo terminó este encuentro?

Pablo no nos dice cómo terminó este encuentro con Pedro. Pero el silencio de Pablo y de Pedro deja por claro que el gran apóstol Pedro se dio cuenta de su error, su carnalidad, su hipocresía.

De ninguna manera Pedro estaba preparado para negar lo que venía predicando y lo que seguiría viviendo. Es bueno tomar nota de lo que dice al final en 2 Pedro 3:15-16: *"Y tened entendido que la paciencia de nuestro Señor es para salvación; como* **también nuestro amado hermano Pablo,** *según la sabiduría que le ha sido dada, os ha escrito, casi en todas sus epístolas, hablando en ellas de estas cosas..."*

Conclusión

Así, en un solo verso, Pablo encierra la esencia de la vida victoriosa. Es un enfoque Cristocéntrico que parte de nuestra co-crucifixión, realizada en nuestra muerte al "yo" y a la ley—tema de Gálatas. Esto resulta cuando tomamos por fe esa realidad espiritual que hace nulo el poder del "yo" y permite que Cristo viva en nosotros.

Esa muerte, la suya y la mía, fue un supremo acto de amor. Juan 3:16 y Gálatas 2:20 combinan para mostrarnos la grandeza del amor de Dios. Con razón Pablo termina esta epístola diciendo: *"Pero lejos esté de mí gloriarme, sino en la cruz de nuestro Señor Jesucristo, por quien el mundo me es crucificado a mí, y yo al mundo. Porque en Cristo Jesús ni la circuncisión vale nada, ni la incircuncisión, sino una nueva creación"* (Gálatas 6:14, 15).

Verdades poderosas para tomar en cuenta
1. Sólo al pie de la cruz se solucionan verdaderamente los conflictos entre los hermanos. La cruz anula el orgullo, el

miedo y el egoísmo a cero para que Cristo resalte glorificado.

2. La toma de nuestra posición muertos al pecado y vivos para Dios suelta el poder de la Cruz. De lo contrario, resultan sólo la frustración y las enemistades dando lugar al diablo que destruye la unidad del Cuerpo de Cristo.

3. Gracias a que Pablo mantuvo firme su posición en Cristo, pudo preservar la gracia de Dios, recobrar a Pedro y dejarnos el ejemplo de saber cómo llevar la vida victoriosa.

4. Este poder libertador no reside en una sola experiencia por grande sea sino en un andar por fe tomando diariamente nuestra posición asegurada de muertos a nosotros mismos pero a la vez vivos para Dios en Cristo Jesús. *"El justo por la fe vivirá"* (Habacuc 2:4; Romanos 1:17, Gálatas 3:11; Hebreos 10:39).

Capítulo 6
¿Murió en vano Jesús? ¿Nuestra salvación es por obras o por fe?

Gálatas 3: 1-14

Introducción

Pablo vuelve a la preocupación original que tenía por los gálatas, sus hijos en la fe. El afán espiritual que dio principio a esta carta fue el posible regreso de ellos a la ley de Moisés. Los creyentes de la iglesia en Galacia estaban bajo la presión de los judaizantes que venían predicando a Cristo pero agregando algo más, no era suficiente la Cruz, había que guardar <u>algunos aspectos de la ley</u>.

En aquel entonces era la cuestión de la circuncisión y el error que hacía creer que les faltaba algo esencial en el evangelio predicado por Pablo. La verdad es que los judaizantes tenían su propia agenda. Pablo percibe la trampa y el grave peligro que infiere el error de que a la obra de Cristo le falta algo. La respuesta del apóstol está cargada de profunda emoción, sorpresa y cariño.

Repaso de los dos primeros capítulos de la epístola a los Gálatas

Las tres divisiones principales de Gálatas son: capítulos 1 y 2, la autenticidad del apostolado de Pablo, **sección biográfica**; capítulos 3 y 4, la superioridad final de la promesa frente a la ley,

sección teológica; capítulos 5 y 6, la aplicación práctica de la Cruz y el Espíritu, **sección exhortatoria.**

Pablo empieza la epístola con una breve introducción que marca la importancia de la obra de Cristo. *"El cual se dio a sí mismo por nuestros pecados para librarnos del presente siglo malo, conforme a la voluntad de nuestro Dios y Padre"* (1:4). Enfoca el valor y el propósito de la Cruz. Ya que los judaizantes quieren socavar la autoridad apostólica de Pablo, él dedica los primeros dos capítulos para establecer las bases firmes de su evangelio. La táctica de ellos fue: si no se puede acabar con el mensaje, es necesario acabar con el mensajero.

Pablo establece el derecho de su mensaje al declarar su elección y su llamado. *"Cuando agradó a Dios, que me apartó desde el vientre de mi madre, y me llamó por su gracia* (1:15). La media vuelta del fariseo a predicador debe haber establecido lo genuino de su transformación; luego no pudo haber recibido el evangelio de Pedro porque permaneció con él no más que quince días (1:18). Además en el gran Concilio de Jerusalén (Hechos 15) no le agregaron nada a su mensaje ni a su ministerio (Gálatas 2-1-10).

Finalmente, en su choque con Pedro, Pablo señaló el error de los judaizantes, el de hacer una diferencia entre judíos en Cristo y gentiles en Cristo. Al reprender a Pedro, Pablo explicó lo que estaba en peligro: **la gracia de Dios, la unidad de los creyentes y el poder transformador de la Cruz en la vida del creyente** (2:12-21).

La ley mosaica frente a la gracia y la promesa de Dios a Abraham (Gálatas 3:1-14)

A grandes rasgos Pablo examina el papel de la ley mosaica en el plan de Dios. Enseña claramente que la ley fue dada por Dios con un propósito netamente preparatorio. Los judaizantes habían tergiversado el plan de Dios para sus propios beneficios.

La sorpresa y el pasmo de Pablo ante una situación crítica (Gálatas 3:1-5)

Al final de esa sección preciosa de nuestra identificación con Cristo en muerte al pecado y ahora vivos para Dios en Cristo Jesús (Gálatas 2:20, 21), Pablo supone que *"pues si por la ley fuese la justicia, entonces por demás murió Cristo"* (2:21). Semejante pensamiento no puede ser posible. Pero es precisamente a lo que los judaizantes conducían a los gálatas. El apóstol exclama sorprendido y angustiado: *"¡Oh, gálatas insensatos! ¿quién os fascinó para no obedecer a la verdad, a vosotros ante cuyos ojos Jesucristo fue ya presentado claramente entre vosotros como crucificado?"* (3:1).

Es muy interesante analizar el verbo "fascinar" al relacionarlo con la costumbre supersticiosa del **mal de ojo**. Para Pablo, la situación de los gálatas era como si les hubieran impuesto un encantamiento de tal manera que quedaron confusos y embrujados. No podía ser por la mera ignorancia de los gálatas, porque Cristo les había sido anunciado por medio de carteles oficiales anunciando el triunfo de la Cruz. Debe haber otra influencia más maligna.

Por medio de cuatro preguntas retóricas muy pertinentes, Pablo expresa su asombro y agonía espiritual. En rápido orden vienen: *"¿Recibisteis el Espíritu por las obras de la ley, o **por el oír con fe**? ¿Tan necios sois?¿Habiendo comenzado por el Espíritu, ahora vais a acabar por la carne? ¿Tantas cosas habéis padecido en vano? Si es que realmente fue en vano. Aquel, pues, que os suministra el Espíritu, y hace maravillas entre vosotros, ¿lo hace por las obras de la ley, o por **el oír con fe**?"* (vv. 2-5).

Pablo quiere hacerles caer en la cuenta de que van por el rumbo opuesto a todo lo que habían recibido: el Espíritu y las manifestaciones de él; pero ahora regresan por la carne, perdiendo lo ganado a pesar de sus sufrimientos por Cristo.

Nótese el agudo contraste de las obras de la ley contra *el oír con fe*.

Pablo les presenta la locura completa de abandonar lo que les trajo todo lo que tienen; al dejar la vida sustentada por el Espíritu regresan, sin duda, a vivir por la carne. Ahora, con una carga de pasión, amor y exhortación, su padre espiritual los llama necios, insensatos, embrujados espiritualmente.

Pablo establece la incompatibilidad total de la fe y el Espíritu con los reglamentos viejos de la ley. En el Espíritu se gozan de la libertad, el perdón, la justificación por la gracia de Dios y la unión con el Crucificado. Es mucho lo que tienen por perder. A esta altura entendemos, entonces, su primera reacción fuerte: *"Estoy maravillado de que tan pronto os hayáis alejado del que os llamó por la gracia de Cristo, para seguir un evangelio diferente"* (1:6).

Pablo los devuelve a la bendición del Pacto Abrahámico (Gálatas 3:6-9)

Pablo vuelve a las verdades del Antiguo Testamento el cual los judaizantes deberían haber reconocido como la última autoridad. El apóstol, muy conocedor de las Escrituras, argumenta con base en la palabra inspirada. Abraham, llamado desde más allá del río Éufrates, de una familia idólatra (Josué 24:2), obedeció a la orden de salir con la plena bendición de un pacto incondicional de parte de Dios.

Abraham, centenares de años antes de la ley, *"creyó a Jehová, y le fue contado por justicia"* (Génesis 15:6). La bendición prometida para todas las naciones (3:8) empezó con solo *el oír con fe*. ¿Cómo pueden los judaizantes ofrecer algo mejor?

Pablo se percata de la estrecha relación de Abraham con el pueblo de Dios. Con base en esta relación afirma que somos hijos de Abraham y por ende hijos de la fe. Entramos en las plenas bendiciones del pacto que Jehová le dio en gracia sólo por *oír con fe*.

Pablo les recuerda que el Pacto Mosaico trae consecuencias fatales (Gálatas 3:10-12)

Pablo confronta a los gálatas que persisten en ponerse bajo la ley. Armado de las citas del Antiguo Testamento, revela lo que realmente han escogido, si siguen a esos falsos maestros. *"Porque todos los que dependen de las obras de la ley están bajo maldición, pues escrito está: Maldito todo aquel que no permaneciere en todas las cosas escritas en el libro de la Ley para hacerlas"* (3:10; Deuteronomio 27:26). Vivir bajo maldición no es opción para nadie. La pregunta es: ¿Ha cumplido alguien toda la ley en toda ocasión en que se ve enfrentado a una tentación?

Habacuc dice lo contrario, abriéndonos un camino totalmente diferente: *"Y que por la ley ninguno se justifica para con Dios, es evidente, porque: El justo por la fe vivirá"* (3:11; Habacuc 2:4). Si los gálatas valorizan su salvación, su justificación ante Dios, tienen que darse cuenta de que no les queda ninguna opción si tratan de mezclar la fe con las obras.

La ley los condena, no los salva. Cristo basta; agregar algo a su obra perfecta es sustraer fatalmente la eficacia de ella. No se pueden tener dos cosas tan diametralmente opuestas. No se puede escoger y agregar como le dé la gana a cada quien. Su vacilación es seria y tendrá consecuencias imprevistas y nefastas.

Pablo vuelve al tema de la Cruz y muestra los beneficios (Gálatas 3:13-14)

La maravilla de la Cruz emerge en toda su gloria. *"Cristo nos redimió de la maldición de la ley, hecho por nosotros maldición (porque está escrito: Maldito todo el que es colgado en un madero) para que en Cristo Jesús la bendición de Abraham alcanzase a los gentiles, a fin de que por la fe recibiésemos la promesa del Espíritu"* (3:13.14; Deuteronomio 21:23). **Aquí está la esencia del evangelio.**

Cristo tomó sobre sí la maldición de la ley que nos correspondía a nosotros como consecuencia del pecado. Habiendo satisfecho totalmente a su padre, el juez justo, Cristo nos compró del mercado de los esclavos y pagó el **"kofer",** precio de rescate con su preciosa sangre. Libres de la ley y su furor, descansamos en nuestro Redentor.

La Biblia dice: *"Al que no conoció pecado, por nosotros lo hizo pecado, para que nosotros fuésemos hechos justicia de Dios en él"* (2 Corintios 5:21). Absolutamente nada nos falta. ¿Quién puede agregar algo a esa obra completada en la Cruz cuando dijo: *"¡Consumado es!"* (Juan 19:30)?

¿Cuál es la importancia de este tema ahora? -- las obras versus la fe

Se pudiera preguntar el lector: ¿Qué tiene que ver todo esto hoy en día? Lo de la circuncisión no es asunto nuestro. Los judaizantes ya no nos perturban. ¿Es esto un punto doctrinal muy arcaico? De ninguna manera. Algunos términos se cambian, pero tras la superficie es un tema candente hoy en día.

El corazón humano motivado por su auto-importancia y su orgullo desea siempre participar en merecer algo; se cree que eso le da importancia aun ante Dios. Hay una tremenda satisfacción al decir: ya lo logré por mi propio esfuerzo. Pero ante un Dios santo y perfecto, a quien todos tenemos que dar cuenta algún día, sabemos muy bien que no podemos pararnos en su presencia revestidos de nuestras obras. *"Porque todos pecaron, y están destituidos de la gloria de Dios"* (Romanos 3:23).

Este verso de Romanos descalifica al mejor. Dios dice que todos pecamos (aoristo/tiempo pasado). Eso quiere decir que en Adán, nuestro primer padre, la naturaleza humana pecó de una vez; se extravió de tal manera que nacimos con ese rumbo errante. Además *estamos* (tiempo presente) *destituidos*; es decir, delante de Dios estamos en bancarrota. Tanto nuestro ser como nuestros actos nos condenan. Nada nos puede calificar para ofrecer algo a Dios.

Sabiendo todo esto, Dios propuso una redención que dependería cien por ciento de él y de la obra de su Hijo (Juan 14:6). Sólo ellos dos en uno podrían remediar el mal de hombre. Por lo tanto, ideó un plan en que Dios mismo tomaría la iniciativa y proveería con base en *el oír con fe,* un regalo de perdón y restauración.

Para que el hombre sintiera su necesitad, siendo ciego y orgulloso, Dios tuvo que dar realce al pecado del hombre. Por eso mandó la ley de Moisés para hacer resaltar nuestro mal y llevarnos en nuestra depravación a acercarnos a él por *el oír con fe*. Será el tema del próximo estudio (Gálatas 3:15-29).

¿Cómo se nos presenta este problema hoy día? El ser humano religioso quiere hacer su parte para, al fin de cuentas, participar en las recompensas. Pero Dios NO comparte su gloria con ninguno (Isaías 48:11). Nos acercamos a Dios bajo sus condiciones, llegamos a él reconociéndonos pecadores, no nos acercarnos ofreciéndole algo nuestro, pues no lo tenemos. Los dos son incompatibles.

Dice la Biblia que *"nos salvó, no por obras de justicia que nosotros hubiéramos hecho, sino por su misericordia, por el lavamiento de la regeneración y por la renovación en el Espíritu Santo"* (Tito 3:5). Además el orgullo de presumir que podemos hacer algo revela la ceguera del corazón duro. Recibir el don de Dios requiere arrepentimiento y *oír con fe* (3:2.5).

Otra fase de este problema es que tantos dependen de su religión, su iglesia, sea la Católica, la Ortodoxa, la Protestante, pensando que el bautismo, la confirmación, la misa, los rituales de la iglesia serán el medio o la garantía suya de ser aceptos de parte de Dios. ¡Grande y horrorosa será la desilusión de tales en aquel día!

Aun entre nosotros los evangélicos hay un error sutil pero pernicioso. Se nos dice muchas veces que si buscamos el don de hablar en lenguas, o logramos obtener el don de la profecía, o ser ordenado como apóstol o profeta, de esa manera llegamos a ser más espirituales. Y aun entre los fieles si servimos tantos años, o logramos tener muchos seguidores, o llegamos a ser pastor de una mega-iglesia, ya hemos logrado mucho.

De hecho tenemos que dejar la idea errónea de que con esos "logros" nuestro ministerio y mensaje son exitosos y realmente glorifican a Dios. Toda meta de tal estilo no vale nada ante Dios.

Nuestro mensaje es Cristo y sólo Cristo. Todo es por la pura gracia de Dios en la Cruz; Pablo llamaría a todo aquello descrito arriba como "otro evangelio". El peligro de los gálatas está todavía con nosotros hoy. Es urgente que tomemos muy a pecho el mensaje de esta epístola. Que nos ayude Dios.

Verdades poderosas para tomar en cuenta

1. Debemos estar sobre aviso porque en el momento menos pensado podemos ser embrujados por el enemigo y la enseñanza falsa. El único remedio es apegarnos a las Escrituras y depender de la obra de la Cruz.
2. A todo costo defendemos la gracia de Dios. Es la piedra de toque del evangelio.
3. El legalismo en cualquier forma va en contra de la gracia de Dios entendida bíblicamente. El legalismo exalta lo logrado humanamente. Lo que apela al orgullo humano es fatal. La gracia resulta en la verdadera gloria de Dios y nuestra libertad santa.
4. El oír con fe expresa precisamente el papel nuestro ante la gracia de Dios. Nos trae el poder transformador de la Cruz. Resulta en la gloria del Dios trino.
5. Con razón Pablo ha sido llamado el Apóstol de la Cruz en todos los aspectos de la gama de la salvación.

Capítulo 7
La verdadera relación de la promesa/fe frente a la ley mosaica

Gálatas 3:15-29

Introducción

No es muy fácil a veces leer y comprender los asuntos concernientes a la doctrina. Preferimos una experiencia excitante, una ilustración llamativa o una jornada de entretenimiento, pero vale la pena perseverar, porque a largo plazo **sólo la verdad sólida de la gracia de Dios resulta en la transformación de vida que es la promesa de Cristo**.

Hoy en día la alabanza está muy de moda y se oye por todas partes; sin embargo, muchas veces no es más que la efervescencia del momento. Es común en algunos ambientes despreciar la doctrina, olvidando que sólo así se crece a la imagen de Cristo.

En esta segunda sección doctrinal de Gálatas 3-4, Pablo sigue el tema de la gracia del evangelio frente a la enseñanza peligrosa de los judaizantes --un énfasis erróneo en guardar aspectos de la ley. Esta mezcla constituye una verdadera amenaza a la obra consumada de Cristo. Pablo ha establecido más allá de cualquier duda que la ley sólo condena y maldice al pecador: *"Maldito todo aquel que no permaneciere en todas las cosas escritas en el libro de la ley, para hacerlas"* (3:10).

La ley no puede más que condenar al infeliz pecador. Además, *"Cristo nos redimió de la maldición de la ley, hecho por nosotros maldición (porque está escrito: Maldito todo el que es colgado en un madero), para que en Cristo Jesús la bendición de Abraham alcanzase a los gentiles, a fin de que por la fe recibiésemos la promesa del Espíritu"* (vv.13, 14).

Pero todavía queda la pregunta: ¿Cuál es la verdadera función de la ley? ¿Tiene algún propósito ante Dios? Pablo toca este tema para apoyar el papel distintivo de la ley, pero sólo según el expresado propósito de Dios al enviarla.

Pablo analiza los límites de la ley de Moisés frente a la promesa a Abraham (3:15-18)

Pablo llama la atención de sus lectores con estas palabras: *"Hermanos, hablo en términos humanos…"* (3:15). Así, con una nota de cariño, les hace una proposición muy lógica a sus hijos en la fe. Un pacto al ser ratificado es inviolable. No se agrega ni se quita nada. Este punto es muy importante --sigue el argumento "a fortiori", es decir, una verdad a la fuerza. Si así es en el pacto/arreglo humano, cuánto más será en la intervención de Dios en gracia a favor de Abraham. En cierto sentido un pacto humano es un arreglo humano con dos entidades más o menos iguales.

Pero Dios le hizo una promesa --algo muy diferente de un pacto; la gracia dependía exclusivamente, no de Abraham sino de Dios en su propia persona inmutable. Para establecer su argumento Pablo se vale de la inspiración bíblica plenaria y verbal usando una palabra en singular: no dice a *las simientes,* sino que se valdría de una *simiente.*

Una vez hecha la aclaración, Pablo interpreta correctamente el enfoque espiritual de la promesa en Cristo, en la simiente mesiánica a final de cuentas, no tan sólo en la tierra y el pueblo prometidos sino en el Mesías mismo en quien todas las naciones serían bendecidas (3:16)

De manera muy razonable, la aplicación es que la promesa dada tempranamente a Abraham tiene estricta prioridad sobre la ley. Dios ha hecho la promesa y Hebreos dice: *"Por dos cosas inmutables, en las cuales es imposible que Dios mienta"* (Hebreos 6:18). De tal modo la promesa se mantiene en pie y en plena vigencia. La ley que vino más tarde bajo diferentes circunstancias y fue dada a diferentes personas con diferente fin, por lo tanto no puede de ninguna manera abrogar ni invalidar la promesa. Así Pablo mantiene la superioridad de la gracia de Dios y **el oír con fe** ante el concepto erróneo de los judaizantes.

La promesa es de otro parámetro, de otra índole, es decir, es por la pura gracia de Dios. Por un solo argumento incontrovertible Pablo pone la promesa a Abraham en otra categoría muy superior a la ley. Pablo saca la conclusión inevitable, la consecuencia lógica y doctrinal: *"Porque si la herencia es por la ley, ya no es por la promesa; pero Dios la concedió a Abraham mediante la promesa"* (3:18). No puede haber otra conclusión posible. La ley y la gracia son incompatibles ***con respecto a la salvación.***

La ley sirve sólo para condenarnos y prepararnos a *oír con fe* (Gálatas 3:19-21)

Bishop John Lightfoot analiza bien la superioridad de la promesa o la inferioridad de la ley bajo cuatro puntos: 1.) la ley condena, no da vida; 2.) la ley fue temporaria; cuando la simiente vino, se anuló; 3.) la ley no vino directamente de Dios al hombre sino a través de dos mediadores, ángeles y Moisés; 4.) la ley dependía de la obediencia de los contratantes[2]. Por el contrario, la promesa

---

[2] J.B. Lightfoot, Epístle to the Galatians, 7th ed., (London: Macmillan and Company), 1881, p.144.

dependía sólo de Dios mismo sin entrar para nada el elemento humano. Fue el decreto soberano de Dios el que estableció la eterna validez de la promesa.

Pero el autor inspirado reconoce la validez de la pregunta: *"Entonces, ¿para qué sirve la ley?"* (3:19). Su respuesta responde de golpe a la pregunta, porque nadie dudaba de que la ley era la personificación de la santidad y la justicia de Dios. La ley nos revela quien es Dios y por ende quienes somos nosotros en muy agudo contraste. La respuesta es sucinta: *"Fue añadida a causa de las transgresiones, hasta que viniese la simiente* (Cristo) *a quien fue hecha la promesa; y fue ordenada por medio de ángeles en mano de un mediador"* (3:19).

De hecho el pecado (la naturaleza del mal) en forma de los pecados (los delitos mismos) se oponía a las demandas estrictas de la santidad de Dios. Así, el pecado quedó definido de una vez, y se veía y juzgaba de tal manera por la ley mosaica. De esta forma, el ser humano –en su estado de condenación-- no hubiera tenido la más mínima esperanza de ganar su propia salvación. La ley logró condenar impunemente al pecador sin Cristo (Romanos 3:20, 23).

Este Pacto Mosaico era condicional desde el principio. Dios exigía la obediencia en todo momento, pero el ser humano no pudo ni quiso responder así. *"Maldito todo aquel que no permaneciere en todas las cosas escritas en el libro de la ley, para hacerlas"* (3:10). *"Y la ley no es de fe, sino que dice: El que hiciere estas cosas vivirá por ellas"* (3:12).

La ley era inferior porque un contratante se rebeló y así quedó abrogada la ley al llegar la simiente, Cristo (3:16). Otro factor limitante era que les llegó la ley por medio de dos mediadores, ángeles (Deuteronomio 33:2; Hechos 7:53) y Moisés (Éxodo 20:19; Deuteronomio 5:2). El otro contratante era Dios mismo, el único fiel, constante e inmutable.

Otra cuestión queda por contestar. Pablo no quería socavar o despreciar la validez de la ley en sí. La ley era indispensable para la obra salvadora final, pero **no como el agente de la salvación.** La ley desempeñaría un papel preparatorio y muy necesario. Surge entonces la pregunta: *"¿Luego la ley es contraria a las promesas de Dios?"* (3:21). De ninguna manera no eran contrarias porque procedían las dos de Dios mismo; así la promesa y la ley no eran principios hostiles ni contradictorios. Más bien en orden cronológico servían al mismo fin, el de preparar al pecador para la venida de la fe.

En general la palabra **"fe"** tiene varios usos en las Escrituras. Aquí se da la preferencia a la persona de Cristo menos que al evangelio o lo que se creía; aquí no se puede referir a la fe subjetiva y personal. El contexto nos guía a la interpretación más adecuada.

Este hecho subraya lo temporaria de la ley, socavando los argumentos de los judaizantes que querían imponer de nuevo la ley en los gálatas. Lejos de quedar vigente la ley, quedó caduca y abrogada (véanse Hebreos 8:13-9:10). Éste es el argumento decisivo para establecer la introducción de la promesa de fe.

Según la Escritura, es decir, el Antiguo Testamento, la ley logró el propósito divino de *encerrarlo* todo bajo la condena del pecado (3:22). Pablo usa el neutro "lo" para hacer lo más inclusiva posible la referencia al mal de ser humano.

Pablo resume todo el argumento de Romanos 9-11 usando el mismísimo verbo[3]: *"Porque Dios **sujetó** a todos en desobediencia, para tener misericordia de todos"* (Romanos11:32). La ley sí sirve al propósito de Dios sólo cuando se usa según su plan perfecto para hacer resaltar el mal y quitarle al ser humano toda esperanza de lograr su propia salvación.

---

[3] Ibid, p.148.

Pablo usa la ilustración de uno de menor edad bajo restricciones fuertes (Gálatas 3:22-25)

Es muy interesante como Pablo ilustra el papel de la ley para con los israelitas frente a la amenaza de los judaizantes. El apóstol vuelve a tocar la misma ilustración en Gálatas 4:1-3 y luego en la alegoría de Agar, el monte de Sinaí y Sara y la Jerusalén de arriba en Gálatas 4:21-31.

La analogía es gráfica; Pablo recordaba su propia posición: *"Pero antes que viniese la fe* (Cristo, el Mesías), *estábamos confinados bajo la ley, encerrados para que aquella fe que iba a ser revelada. De manera que la ley ha sido nuestro ayo, para llevarnos a Cristo, a fin de que fuésemos justificados por la fe"* (3:23, 24).

Pablo escoge bien la palabra "ayo" que era un tutor o un esclavo de cierta categoría que tenía a su cargo la supervisión moral del heredero joven. Su papel fue diferente al del maestro o pedagogo; pues debía imponer la disciplina de manera estricta. Así la ley era inferior como el esclavo, aun de cierto rango con el deber de limitar y poner restricciones a favor de criar cierta moral en el heredero menor. Fue una etapa temporaria esperando la libertad futura de llegar a ser el auténtico heredero.

Echada a un lado la ley, Cristo introduce un nuevo 'estatus': libertad (Gálatas 3:26-27)

En este párrafo Pablo amplía la gloriosa libertad del creyente, libre de la ley pero unido a Cristo, acabadas todas las distinciones de la ley. Lo que servía por un rato, ya no sirve más. Con la llegada de la fe o Cristo, la simiente a quien le dio Dios la promesa por pura gracia, entramos de inmediato en el pleno disfrute de los hijos de Dios bajo la única condición d*el oír con fe* (3:2, 5).

Pablo ahora describe la herencia del creyente. Tal lleva la marca del hijo de Abraham por fe. La ley no aportó nada; sólo condenó al pecador y preparó al creyente para recibir por fe la promesa. La primera característica es *"porque todos los que habéis sido bautizados en Cristo, de Cristo estáis revestidos"* (v.27).

La primera característica es una plena co-crucifixión o identificación con Cristo en muerte al pecado --lo negativo—y revestido inmediatamente de Cristo. En este pasaje se oye el eco de Romanos 6:3: *"Fuimos todos bautizados en su muerte"* y la cita de Colosenses 2:12: *"Sepultados con él en el bautismo"*.

Dios toma cartas desde el primer minuto de nuestra salvación uniéndonos a su Hijo en la Cruz. **Éste es el mensaje de la Cruz.** Sabemos que la referencia al "bautismo" se refiere a nuestra incorporación en el cuerpo de Cristo por el Espíritu Santo, el verdadero bautismo en/con/por el Espíritu: *"Porque por un solo Espíritu **fuimos todos bautizados en un cuerpo,** sean judíos o griegos, sean esclavos o libres; y a todos se nos dio a beber de un mismo Espíritu"* (1 Corintios 12: 13). Es seguido ese bautismo espiritual de la ordenanza que da testimonio público a tal verdad abrazada y comprendida ahora de todo corazón por el creyente.

Pablo vuelve a puntualizar esa verdad fundamental de nuestra unión con Cristo. No se puede entender la salvación por la gracia sin regresar incansablemente a ese punto de partida, nuestra identificación con Cristo en la Cruz. Como resultado de ese acto divino el creyente está revestido de Cristo (Gálatas 3:27).

La justificación que nos dio cobertura bajo la justicia de Cristo viene siendo nuestra vestimenta espiritual. Nuestra posición en Cristo llega a ser el principio de nuestra nueva condición o santificación. Pablo en Efesios 4:23, 24 nos reta de la misma manera: *"Y renovaos en el espíritu de vuestra mente, y vestíos del nuevo hombre, creado según Dios en la justicia y santidad de la verdad"*.

Por la gracia, no por la ley, el creyente ya es nueva criatura (Gálatas 3:28, 29)

Ahora viene un versículo muy radical que puntualiza lo distintivo de ser hijo de Abraham *con el oír por fe.* La ley nunca nos aportó nada; sólo nos preparó el camino por sacar a luz y definir el pecado nuestro. Es la pura gracia de la promesa en una gloriosa transformación que rompió tajantemente todas las barreras que se pudieran imaginar.

Por lo tanto *"Ya no hay judío ni griego; no hay esclavo ni libre; no hay varón ni mujer; porque todos vosotros sois uno en Cristo Jesús. Y si vosotros sois de Cristo, ciertamente linaje de Abraham sois, y herederos según la promesa"* (Gálatas 3:28, 29). El espectro o la gama del creyente nos deja pasmados. Estos dos versos son la piedra de ángulo, la piedra de toque del creyente. De un solo golpe la Cruz derrumba todo lo que nos separa y nos une a todos en los lazos del Crucificado.

El concepto del judaizante era que la ley agregaba algo necesario al creyente en Cristo. Quería devolverlo a la servidumbre de la ley. Pablo lo veía como un ataque frontal en contra de la absoluta suficiencia y superioridad de la gracia disponible del *oír con fe.* Pero en Cristo, en cambio, no hay distinción alguna, ni de sexo, ni de nivel social, económico y religioso. Todos somos *"herederos con Dios y coherederos con Cristo"* (Romanos 8:17).

Ya que somos herederos espirituales en plena posesión de Cristo; no hay por que buscar un don que nos magnifique, ni una experiencia que nos separe de los demás hermanos en Cristo. No hay búsqueda ni atracción que nos prometa enriquecernos como se oye en la Teología de la Prosperidad. No hay poder sobre otros por el "dizque" obispo, apóstol o profeta que crea tanta carnalidad hoy día.

Todo esto es eliminado por la Cruz de Cristo y nos deja humildes y santos delante de Dios. Veamos la suficiencia de Cristo crucificado a quien Pablo predicaba: *"Pues me propuse no saber entre vosotros cosa alguna sino a Jesucristo, y éste crucificado"* (1 Corintios 2:2).

Verdades poderosas para tomar en cuenta
1. La promesa dada en gracia a Abraham y a nosotros por el *oír con fe* está en pie y vigente en la vida de todo creyente.
2. La ley sirvió como "<u>ayo</u>" para llevarnos a Cristo. Ahora ya no sirve porque en Cristo quedamos perdonados y aceptos como herederos con Dios y coherederos con Cristo.
3. La ley y el legalismo nos separan, pero unidos a Cristo no hay ni judío ni griego, ni esclavo ni libre, ni varón ni mujer; *"porque todos vosotros sois uno en Cristo"* (3:28).
4. La verdadera marca del creyente es que está bautizado en Cristo y revestido de él (3: 27).
5. La gracia que nos llega por *el oír con fe* es tan completa que no buscamos nada menos que más de Cristo y Cristo crucificado. *Éste es el mensaje de la Cruz.*

Capítulo 8
No es posible estar libre en Cristo y a la vez ser esclavo de la ley

Gálatas 4:1- 5:1

Introducción

En este capítulo podemos ver que Pablo, sin interrupción alguna, continúa el tema que venía desarrollando en Gálatas 3. El apóstol ha introducido la ley como "*el 'ayo' para llevarnos a Cristo*" con el propósito de que lleguemos a ser justificados por la fe *(3:24).* Esta figura es la analogía de alguien menor que es heredero futuro de un patrimonio, pero que por un tiempo corto queda bajo tutores y curadores (3:2). La ilustración es la de un esclavo de cierto rango que tiene el deber de vigilar y criar al futuro heredero hasta que éste pudiera heredar lo suyo.

Pablo recuerda como él mismo y los judíos estaban en semejante posición, como niños, pero en nada diferían del esclavo. El menor estaba bajo tutores hasta el tiempo señalado por el padre --un paralelo exacto de la ley frente a la promesa dada a Abraham.

"Pero cuando vino el cumplimiento del tiempo, Dios envió a su Hijo" (Gálatas 4:4-7)

Pablo ahora está a punto de explicar cómo y cuándo llegó la liberación que rompió las cadenas de la ley que los mantenía atados. Ahora, libres, pueden llegar a ser herederos plenos en Cristo, lo cual incluía tanto a judíos como a gentiles. Otras versiones dan la idea de "en la plenitud de los tiempos", es decir, en el preciso momento --el más ventajoso históricamente-- Dios introdujo a su Hijo.

La historia del mundo antiguo da fuerte evidencia de aquello. Ni antes ni después hubo un tiempo más propicio para la expansión del evangelio: la *"pax"* romana trajo la protección del poderoso ejército imperial, era un mundo ordenado, tranquilo y accesible; igualmente, los caminos permitían circular como nunca antes; y, además, la cultura grecorromana facilitaba la difusión del evangelio sin barreras del idioma y prejuicios culturales.

Pablo mismo fue el emisario perfecto para tal apostolado: judío, educado a los pies de Gamaliel, ciudadano de Roma, versado en la filosofía griega y transformado por el poder del evangelio para ser apóstol a los gentiles.

Vayamos más al punto, revisemos el texto bíblico: *"Pero cuando vino el cumplimiento del tiempo, Dios envió a su Hijo, nacido de mujer y nacido bajo la ley, para que redimiese a los que estaban bajo la ley, a fin de que recibiésemos la adopción de hijos".* Si existe una situación en la que podamos ver la mano de Dios en el momento oportuno sería en esta disyuntiva.

Cristo fue identificado con la simiente de la mujer (Génesis 3:15; Isaías 7:14); nació bajo la jurisdicción de la ley con el fin de redimir a aquellos que estaban bajo esa misma ley, de manera que recibiésemos la adopción de hijos. Nótense los verbos los que estaban—los judíos-- para que recibiésemos —los judíos y los gentiles en Cristo. Pablo mismo vivió esa disyuntiva y da testimonio de ello.

Al hablar de la adopción de hijos, Pablo introduce un tema bien paulino, ilustrando la herencia de la ley romana. La ley de la adopción casi no existió en el judaísmo. El hijo mayor recibía una doble herencia. El prosélito siempre era de segunda clase. Pero en la ley romana la adopción era posible hasta para el esclavo. Hubo una igualdad que no tomó en cuenta el triste pasado del esclavo. Es Pablo entre los escritores novotestamentarios el que hace resaltar esta doctrina de la adopción (Efesios 1:5, 6, 11-14; Romanos 8:15; 9:4).

Ahora que llegó la fe o el Mesías se abrogó la ley tanto para el judío como para el gentil en Cristo; son hijos adoptados y como si fuese necesario una prueba final nos dice:*"Y por cuanto sois hijos, Dios envió a vuestros corazones el Espíritu de su Hijo, el cual clama:¡Abba, Padre!* "Abba" es el diminutivo que se traduce como "Papi", una nota de cariño e intimidad. Tal es nuestra aceptación ante Dios sin distinción alguna. Termina el argumento por afirmar lo conclusivo: *"Así que ya no eres esclavo, sino hijo; y si hijo, también heredero de Dios por medio de Cristo"* (Gálatas 4:7).

Pablo muestra su amor y revela su profundo temor por ellos (Gálatas 4:8-18)

En este párrafo vemos como nunca antes el corazón pastoral de Pablo. Empezó la epístola pasmado por la vacilación de sus queridos hijos en la fe: *"Estoy maravillado de que tan pronto os hayáis alejado del que os llamó por la gracia de Cristo, para seguir un evangelio diferente. No que haya otro, sino que hay algunos que os perturban y quieren pervertir el evangelio de Cristo"* (Gálatas1:6, 7). Ahora Pablo vuelve a apelarles de varias maneras para hacerlos recapacitar. Hacen frente a una situación muy peligrosa. Los advierte con cariño y pasión espiritual al mismo tiempo.

Primero, apela a lo genuino de su salvación. Pablo les recuerda quienes eran antes de que recibieran el evangelio, meros paganos, sirviendo a los ídolos que no eran dioses. El apóstol podía aceptar tal ceguera en ese tiempo porque estaban muertos en sus pecados, pero ahora de ninguna manera los podía aceptar así, pues Cristo les había dado la luz del evangelio. Lo interesante es que Pablo hace una pausa para corregirse a sí mismo al decir que no fueron ellos quienes conocieron a Dios --como si fuera por su propia búsqueda—sino *"más bien, siendo conocidos por Dios"*.

Fue Dios mismo quien tomó la iniciativa y les hizo conocer la verdad. ¿Cómo, pues, podían volver al abismo de donde los había sacado Dios? ¿Cómo podían volver a *lo débil y lo pobre* de la observancia de lo externo? Nombran los días, los meses, los tiempos y los años como si fueran algo que valiesen la pena (Gálatas 4:9, 10). ¡Cómo habían caído!

En segundo lugar, Pablo apela a su profunda inquietud y temor por ellos. Teme grandemente que toda su labor haya sido en vano, con ningún resultado. Como judío ortodoxo y fariseo, Pablo salió de tal abismo de guardar días y meses. Abandonó esa falsa confianza para hacerse como el gentil y poder ser apóstol a ellos mismos (1 Corintios 9:21-23).

¡Cómo podían ellos ahora abandonar su conversión a Cristo para volver a aquello que les resultó tan inútil! El apóstol continúa diciendo: *"Os ruego, hermanos* -- una nota de ternura y esperanza-- *que os hagáis como yo, porque yo también me hice como vosotros"* (4:12). Pablo quiere hacerles entender que lejos de herirle a él se estaban hiriendo a ellos mismos.

En tercer lugar, Pablo les recuerda una visita previa y cómo en ese momento lo recibieron encarecidamente. No sabemos en detalle las circunstancias, pero Pablo la describe en términos gráficos: *"Pues vosotros sabéis que a causa de una enfermedad del cuerpo os anuncié el evangelio al principio; y no me despreciasteis ni desechasteis por la prueba que tenía del cuerpo, antes bien me recibisteis como a un ángel de Dios, como a Cristo Jesús"* (4:13, 14).

En esta parte de la carta, vemos a Pablo lleno de gratitud por la solicitud de los gálatas en aquel momento duro de su ministerio. El apóstol recuerda de manera vívida la acogida tan calurosa que hasta la puede sentir al revivir el momento. ¡Qué mezcla de emociones y traición!

Pablo incluso describe el extremo al que pudieran haber ido sus hijos en la fe. *"¿Dónde, pues, está esa satisfacción que experimentabais? Porque os doy testimonio de que si hubiereis podido, os hubierais sacado vuestros propios ojos para dármelos".* ¡Imagine por un momento la manera como fue recibido Pablo en su visita previa! ¡Qué tristeza producía ahora en el apóstol el brusco cambio experimentado en ellos!

Que esta prueba tan dura de Pablo sea evidencia de la profunda tristeza ministerial cuando la enseñanza falsa enajena a los hermanos, para seguir otra corriente novedosa que al final de cuenta no rinde nada. Otros siervos de Dios lo han experimentado también. No hay duda que es duro.

No sabemos cuál fue la enfermedad en su cuerpo que dificultó grandemente su llegada y ministerio y la que forjó un lazo cariñoso entre Pablo y los suyos. La ruptura causada ahora por los judaizantes hirió profundamente a Pablo; así lo revela la dolencia de su corazón. Puede ser que el *"aguijón en su carne"* de que Pablo habla en 2 Corintios 12:7-10 haya sido la misma enfermedad, pues las dos epístolas se escribieron por el año 57 a.C.

En cuarto lugar, Pablo hace la dolorosa pregunta: *"¿Me he hecho, pues, vuestro enemigo, por deciros la verdad?".* Debiera haber resonado en los gálatas tal viraje de 180 grados, de amigo a enemigo de golpe. Pablo no trata de ocultar su amor por ellos, su afán y el peligro en el que estaban. Profundas son las heridas del pastor cuyas ovejas se descarrían.

Después de tanto afán personal, Pablo expone la motivación falsa de los judaizantes: *"Tienen celo por vosotros, pero no para bien, sino que quieren apartaros de nosotros para que vosotros tengáis celo por ellos"* (4:17). El análisis de Pablo es que la carne misma hace la división a costo de la verdad y la obra del Espíritu Santo. Pablo nos hablará del remedio para esto en Gálatas 5, 6.

La carga del corazón de Pablo y el remedio para la carne (Gálatas 4:19, 20)

Estos versos revelan el corazón del pastor. ¡Qué hondamente vuelve a sufrir Pablo los dolores de parto por los gálatas! Su ternura y sensibilidad se ven cuando dice: *"Hijitos míos, por quienes vuelvo a sufrir dolores de parto, hasta que Cristo sea formado en vosotros"* (4:19).

Pablo sigue en los pasos del Crucificado. *"Y cuando llegó cerca de la ciudad, al verla, lloró sobre ella"* (Lucas 19:41). *"¡Jerusalén, Jerusalén, que matas a los profetas, y apedreas a los que te son enviados! ¡Cuántas veces quise juntar a tus hijos, como la gallina a sus polluelos debajo de sus alas, y no quisiste?"* (Lucas 13: 34).

Sólo Cristo puede ser el remedio para tal retroceso espiritual, únicamente él desplaza los estragos de la vida del viejo hombre. Pablo, como una madre fiel, vuelve a dar a luz por su oración y carga para que sean restaurados. Ésta es una buena descripción de la vida cristiana: la formación progresiva en nosotros de Cristo mismo.

A la vez, el texto revela los dolores de parto del pastor quien observa y participa en el proceso de la madurez, no sin la angustia de la lucha del Espíritu con la carne (Gálatas 5:17). Ésta es de nuevo otra vislumbre del Mensaje de la Cruz. Terminó Pablo por decir: *"Quisiera estar con vosotros ahora mismo y cambiar de tono, pues estoy perplejo en cuanto a vosotros"* (4:20). La vida cristiana es Cristo tomando forma en nuestro andar diario.

Pablo reprende a los judaizantes usando la misma ley que ellos imponían (Gálatas 4:21-25)

Después de su tierna exhortación a los suyos apelando a varios factores personales, Pablo se da cuenta de que ya es hora de dirigirse francamente a los judaizantes. Lo hizo por medio de la misma ley que quisieron imponer sobre los gálatas. Por medio de una alegoría, usando una interpretación algo común entre ellos, relata la historia concreta de Abraham y el fracaso de Agar e Ismael ante la previa promesa dada a Abraham por medio de Sara y su simiente, Isaac. Semejante simiente, la de Sara, heredaría la plena bendición del Mesías por venir.

Hay pocas alegorías en las Escrituras, pero es una forma parabólica que por medio de una serie de comparaciones metafóricas enfatiza de manera más detallada unas lecciones principales. Una metáfora es una comparación entre dos cosas sin la palabra "como", lo cual sería un "símil", por ejemplo: *"Lo cual es una alegoría, pues estas mujeres son 'como' los dos pactos.*

En la hermenéutica o la ciencia de la interpretación de las Escrituras alegorizar el texto está mal. Es malo porque muchas veces niega o desprecia lo histórico del evento para agregar un significado totalmente fuera del texto, algo inventado por el intérprete según su previo gusto. Pero aquí Pablo basa todo en la aplicación de la historia bíblica.

El hijo de la esclava ante el hijo de la libre - testimonio de las Escrituras (Gálatas 4:26-31)

En este caso, la alegoría estriba en la historia verídica de Abraham y Sara y Agar, su sierva (Génesis 16:1-16). Pablo compara a Agar, la esclava, con el monte de Sinaí en Arabia donde Dios les dio la ley, pero que corresponde en aquel tiempo a la Jerusalén actual, la sede de los judaizantes (4:24, 25) que los molestaban.

Agar o la ley es comparada con Sara *"la libre por la promesa"* (4:23). Hay otra comparación para ilustrar la ley y la promesa, la Jerusalén de abajo y la Jerusalén de arriba (celestial): *"Jerusalén de arriba la cual es madre de todos nosotros"* (4:26).

Pablo subraya la frase con que empezó la reprensión: *"Decidme, los que queréis estar bajo la ley: ¿no habéis oído la ley?"* (4:21) y les cita Isaías 54:1, la ley o el Antiguo Testamento: *"Porque está escrito: Regocíjate, oh estéril* (Sara), *tú que no das a luz; Prorrumpe en júbilo y clama, tú que no tienes dolores de parto; Porque más son los hijos de la desolada, que de la que tiene marido"* (v.27).

Los hijos de la promesa dada antes de la ley (3:17) serán mucho más numerosos que los hijos de la ley o los judaizantes. La conclusión tiene que ser: *"Así que hermanos, nosotros, como Isaac, somos hijos de la promesa"* (v.28).

Ahora Pablo les hace saber que tal como *"el que había nacido de la carne perseguía al que había nacido según el Espíritu, así también ahora"* (v.29). **Por primera vez Pablo introduce el ministerio del Espíritu Santo**, el cual ampliará en los últimos dos capítulos de la epístola.

Tome nota de esta verdad. Finalmente, Pablo apela a la autoridad de las mismas Escrituras con una conclusión terminante que no deja lugar a equívocos sobre la supremacía de la promesa: *"Mas ¿qué dice la Escritura? Echa fuera a la esclava y a su hijo, porque no heredará el hijo de la esclava con el hijo de la libre. De manera, hermanos, que no somos hijos de la esclava, sino de la libre"* (vv.30-31).

El nuevo llamado a la libertad en Cristo (Gálatas 5:1)

En vista de esta verdad ya establecida por la ley o el Antiguo Testamento, sólo les queda a los gálatas una conclusión: *"Estad, pues, firmes en la libertad con que Cristo nos hizo libres, y no estéis otra vez sujetos al yugo de esclavitud"*. La ley no nos rinde nada; al contrario, nos esclaviza. La aplicación actual es ésta: ***cualquier cosa agregada a la suficiencia de Cristo destruye la suficiencia total de Cristo.***

Las obras de la carne en cualquier forma anulan la eficacia de la gracia de Dios en Cristo. La vida cristiana es un andar por fe basada en la gracia de Dios suministrada a nosotros por medio del ***Espíritu Santo*** que nos fue dado a los hijos de la promesa. No nos queda buscar nada fuera de lo que ya tenemos en Cristo crucificado, ni "unción", ni "experiencia de hablar en lenguas", ni llegar a ser "apóstol" ni "profeta", ni las riquezas materiales. Basta Cristo.

Todo esto de Gálatas 3 y 4 puede parecer muy lejos de lo que vemos en nuestro tiempo. El contraste entre la realidad actual y el texto bíblico es dramático; y es que hoy en día hay tantas ofertas para agregar algo en lo cual la carne pueda gloriarse. Pablo rechaza tajantemente todo aquello que vaya en contra de la suficiencia de Cristo. *"Porque nosotros somos la circuncisión, los que en espíritu servimos a Dios y nos gloriamos en Cristo Jesús, no teniendo confianza en la carne"* (Filipenses 3:3).

La carne y el Espíritu son incompatibles en todo sentido. Éste será el tema de los últimos dos capítulos que introducen la vida controlada por el Espíritu Santo con base en la obra de la Cruz. Pablo, de esta manera, nos prepara para tal avance. Por eso la Epístola a los Gálatas de veras es *la **Epístola de la Cruz y el Espíritu** –el título de estos estudios.*

Puntos importantes para tomar en cuenta
1. En la "plenitud del tiempo" Dios introdujo a su hijo nacido de mujer y bajo jurisdicción de la ley para librarnos de la esclavitud de la ley.
2. Volver a depender de la ley o las fuerzas de la carne es negar la obra de Cristo.
3. Es sumamente peligroso volver a la ley o a la obras de la carne en cualquier forma.
4. Lo que nos resta es: **Estad firmes en la libertad** de la gracia una vez dada en la Cruz.

Capítulo 9
La consecuencia fatal de volver a las obras de la ley

Gálatas 5:2-15

Introducción

En Gálatas 1 y 2 Pablo presentó las credenciales de su apostolado para apoyar su mensaje de la Cruz. En Gálatas 3 y 4 defendió la exclusividad de la fe y la gracia de Dios en contra de las restricciones y condenas de la ley. Ahora, en Gálatas 5 y 6, establecerá cómo andar en la libertad del Espíritu Santo. De esta manera, pone la vida victoriosa en agudo contraste con las obras de la carne provocadas por la ley.

Pablo ha comprobado su tesis principal: agregar algo, sea lo que sea, a la obra de Cristo en la Cruz es anular dicha obra de gracia. Volver a la esclavitud de la ley y las obras humanas es relegar la obra de Cristo a la basura. Tal rumbo tornaría la gracia de Dios en un error monumental divino. *"No desecho la gracia de Dios; pues si por la ley fuere la justicia, entonces por demás murió Cristo"* (Gálatas 2: 21). Tan colosal error no puede ser posible nunca.

Pablo define el resultado definitivo de tal vuelta atrás (Gálatas 5:2-6)

El Apóstol a los gentiles habla ex cátedra (desde el tribunal del juez final) al pronunciar la sentencia para aquellos que vuelven a la ley. *"He aquí, yo Pablo os digo que si os circuncidáis, de nada os aprovechará* Cristo" (5:2). Es como una bomba por destallar. No hay grados ni medidas de provecho en Cristo.

Al decir "si" tenemos en griego una condición futura vívida de la tercera clase que implica una perspectiva de la responsabilidad humana de lo que se teme que pueda ser posible, <u>sin que necesariamente haya ocurrido</u>.[4] Esto explica el afán de Pablo y su profunda urgencia al decir algo tan extremo. Su tono se vuelve severo, sin embargo espera en Dios que no llegue a ocurrir ese fin tan desastroso.

El argumento es: "Circuncisión es el sello de la ley. El que de buena voluntad y deliberadamente se deja circuncidar entra en un pacto con la ley. Al entrar en ese pacto para cumplir con toda la ley, uno sigue obligado a someterse a ella y no puede pedir más la gracia de Cristo porque ya entró en otro modo de justificación".[5]

Tan claro es el argumento que lo repite casi al pie de la letra en el verso tres. Hace hincapié en el hecho de que si los gálatas llegaran a tomar ese rumbo hacia la ley, anularían y harían impotente la obra de Cristo. Esto es más que serio; es desastroso. Es el mismo verbo "katargeo" usado en Romanos 6:6 "destruir, anular". *"De Cristo os desligasteis, los que por la ley os justificáis; de la gracia habéis caído"* (v.4).

Pablo habla en términos sólo de la doctrina de la justificación y no de la condición espiritual actual de los gálatas. Más adelante va a esperar su perseverancia en la gracia en Gálatas 5:10: *"Yo confío respecto a vosotros en el Señor, que no pensaréis de otro modo..."* Esto no tiene nada que ver con lo que algunos interpretan como la pérdida de la salvación. El apóstol les advierte de las posibles consecuencias si toman tal rumbo peligrosísimo.

---

[4] William Hendrikson, Galatians and Ephesians, (Grand Rapids, Baker Book House), 1968, p.195, nota a pie de página. (mi traducción)
[5] J.B. Lighfoot, Saint Paul's Epistle to the Galatians, (London, Macmillan and Co.), 1881, p. 203. (mi traducción)

Pablo pone en contraste la posición segura de los verdaderos creyentes al tiempo que se prepara para definir la esencia de nuestra unión con Cristo. *"Pues nosotros* (esta afirmación incluye a él y a sus amados gálatas 4:19) *por el Espíritu aguardamos por fe la esperanza de la justicia"* (v.5). Volver a la ley resulta en la pérdida, el abandono de lo que es nuestro mayor tesoro.

En estos dos versos Pablo vuelve a la tríada bendita de la fe, la esperanza y el amor. En unión con Cristo mantenida por fe, no por las obras de la ley, Dios nos garantiza el ministerio del Espíritu Santo, haciéndonos capaces de esperar con toda certidumbre la plena herencia nuestra en Cristo. Estas tres virtudes --disponibles en unión con Cristo-- deben mantenerse en su debido balance. *"Porque en Cristo Jesús ni la circuncisión vale algo, ni la incircuncisión, sino la fe que obra por el amor"* (v.6).

Su oposición fuerte frente a la circuncisión en Gálatas 5:2-4 es evidente; tal acto del rito judaico tomado con base en la ley resultaría en las obras como si fuesen la manera de alcanzar la justicia ante Dios. Pero ya en unión con Cristo basta él solo en todo sentido; luego tal rito presente o ausente ni agrega nada ni quita nada.

En lugar de las obras humanas, ahora tenemos a nuestro favor la suficiencia de la obra de Cristo. La fe viene siendo la base de su operación y produce el amor y la justicia que resultan en nuestras muchas ganas esperando nuestra esperanza segurísima.

Aquí Pablo y Santiago coinciden. Pablo pone el énfasis en la fe redentora concedida por el Espíritu que resulta en el amor hacia Dios y su prójimo, es decir, en obras que dan evidencia de la verdadera fe. Santiago niega la fe falsa, es decir, quien meramente dice que tiene fe y no la pone en acción hacia los demás (Santiago 2:19-26). Santiago habla de la fe ficticia y la verdadera; Pablo sólo habla de la fe verdadera que produce el fruto del amor y la justicia que nos conduce a nuestra bienaventuranza, la venida inminente de Cristo.

Otra advertencia del corazón de Pablo y otra condena del judaizante (Gálatas 5:7-12)

Pablo vez tras vez apela a sus amados hijos en la fe. Así empezó la carta. *"Estoy maravillado de que tan pronto os hayáis alejado del que os llamó por la gracia de Cristo, para seguir un evangelio diferente"* (1:6). *"¡O gálatas insensatos! ¿quién os fascinó para no obedecer a la verdad?"* (3:1). *"Me temo de vosotros, que haya trabajado en vano con vosotros"* (4:11). *"Hijitos míos, por quienes vuelvo a sufrir dolores de parto, hasta que Cristo sea formado en vosotros"* (4:19).

Vuelve a su ansiedad espiritual. *"Vosotros corríais bien; ¿quién os estorbó para no obedecer a la verdad?* (5:7). La figura literaria es de un corredor bloqueado por otro corredor que hace que se pierda su ritmo y posición. También el verbo es del ambiente militar, algo que impide atravesar el camino.

Pablo afirma que tal persuasión no viene de Dios sino de unos pocos a los que describe como levadura, símbolo que es interpretado siempre como malo, pues adultera o echa a perder toda la masa (1 Corintios 5:7). Pablo confía en Dios, tiene su esperanza en él, no en los méritos de los hermanos. Pero, sea quien sea quien los perturbe, sea juzgado por Dios. Como en los salmos imprecatorios no es malo desear que el malo sea juzgado severamente por Dios quien es siempre el juez justo y santo a la vez.

Pablo niega las alegaciones falsas que los judaizantes lanzan contra él (Gálatas 5:11-12)

De repente parece que hay cambio de rumbo. Nos falta el trasfondo para desenredar las alegaciones. Se supone que sus enemigos usaban lo de Timoteo y su circuncisión para acusar a Pablo de hipocresía. Decían que predicaba en contra de la circuncisión, pero lo practicaba él mismo.

Pablo responde: *"Y yo, hermanos, si aún predico la circuncisión, ¿Por qué padezco persecución todavía? En tal caso se ha quitado el tropiezo de la cruz"* (5:11). El uso de "si" es una condición de primera clase sólo por el argumento. Lo de circuncidar a Timoteo fue al empezar el segundo viaje misionero. *"Quiso Pablo que éste* (Timoteo) *fuese con él; y tomándole, le circuncidó por causa de los judíos que había en aquellos lugares; porque todos sabían que su padre era griego"* (Hechos 16:3).

Pero Lucas, el autor de los Hechos, clarifica que Pablo lo hizo como una preventiva de futuros problemas cuando aún predicaba primero a los judíos en las sinagogas. Lucas aclara que la madre de Timoteo era judía, pero su padre gentil y posiblemente no creyente; Timoteo, al nacer de un matrimonio mixto, no habría sido circuncidado. Pablo lo ordenó sólo en aquel aislado caso para prevenir complicaciones en su ministerio que apenas comenzaba.

Luego ante el Concilio de Jerusalén cuando Bernabé y Pablo subieron a Jerusalén para tratar el problema acalorado de la ley y la circuncisión (Hechos 15:1-35), llevaron a Tito, un gentil. *"Mas aun Tito, que estaba conmigo, y con todo y ser griego, no fue obligado a circundarse; y esto a pesar de los falsos hermanos... a los cuales ni por un momento, accedimos a someternos, para que la verdad del evangelio permaneciese con vosotros* (Gálatas 2:3, 5). Pablo tenía razón en diferenciar los dos casos.

El primer caso involucró un medio gentil, Timoteo, uniéndose a un equipo de judíos para empezar el ministerio en la sinagoga de los judíos. Fue un acto aislado motivado por la discreción y prudencia. El segundo caso fue que el Concilio iba a resolver el mismo problema de la ley; aquí triunfó la gracia de Dios sin ningún compromiso para con los judaizantes.

El escándalo de la Cruz, una verdad reinante (Gálatas 5:11)

Al referirse a esto, Pablo hace a los gálatas la pregunta lógica: *"Y yo, hermanos, si aún predico la circuncisión, ¿por qué padezco persecución todavía?* Y luego introduce una verdad fundamental: en tal caso si fuera así, se ha quitado el tropiezo de la cruz. La palabra original nos da la idea del escándalo de la Cruz. Originalmente la palabra "tropiezo" se refería a una trampa para hacer caer un animal. El evangelio de la gracia de Cristo siempre ha sido tropezadero al mundo, a la carne y al diablo. La Cruz siempre ha generado y generará reacciones negativas. Pablo nunca ha evitado la vergüenza, el escándalo de la Cruz,

Lejos de evitarlo, lo afirma como su corona y jactancia. *"Pero nosotros predicamos a Cristo crucificado, para los judíos ciertamente tropezadero, y para los gentiles locura"* (1 Corintios 1:23). Dios nos libre que jamás seamos ofendidos por el estigma santo de la Cruz de Cristo. *"Pero lejos esté de mi gloriarme, sino en la cruz de nuestro Señor Jesucristo, por quien el mundo me es crucificado a mí y yo al mundo"* (Gálatas 6:14). ¡Al terminar la carta, ésta fue la despedida de Pablo a los gálatas!

Para los que perturban a los hermanos y no toleran el escándalo de la Cruz, Pablo les tiene una palabra más. Es bien severa y cortante: *"¡Ojalá se mutilasen los que os perturban!* ¡Qué sean eunucos! Si su gloria es cortar, que sean cortados. Con tal odio santo Pablo los despacha.

Una palabra de cautela espiritual frente a la libertad Gálatas (5:13-15)

Gálatas 5:1 se destaca con el llamado a la libertad. *"Estad, pues, firmes, en la libertad con que Cristo nos hizo libres, y no estéis otra vez sujetos al yugo de esclavitud".* Pero ahora Pablo la pone en buena perspectiva bíblica. Gócense de la libertad en Cristo, pero recuerden bien que tal libertad nos hace esclavos de Cristo y al servicio de los demás (Romanos 6:17, 18, 22). *"Porque vosotros, hermanos, a libertad fuisteis llamados; solamente que no uséis la libertad como ocasión para la carne, sino servíos por amor los unos a los otros"* (5:13).

Es verdadera la libertad, pero no es el libertinaje carnal. El péndulo puede mecerse al otro extremo, pero la vida victoriosa en Cristo es una vida balanceada, gobernada por el amor, la santidad y la humildad.

Hay una nota interesante en la palabra "ocasión". Significa una base militar desde la cual se lanza la guerra. También Pedro más adelante les escribe a los de Galacia (1Pedro 1:1) y dice: *"Como libres, pero no como los que tienen la libertad como pretexto para hacer lo malo, sino como siervos de Dios"* (1 Pedro 2:16).

El rol triunfante del Espíritu Santo en el creyente que vive bajo la gracia

En el resto de la epístola Pablo va a hablar muchísimo de *la carne* (Gálatas 5:16), *la vida vieja* (Romanos 6:6), *la pasada manera de vivir (*Efesios 4:22). El tema será el Espíritu Santo y la carne. En estos dos capítulos tendremos un desarrollo práctico de cómo se lleva la vida cristiana.

La ley puede ser a primera vista un vehículo bueno para restringir los deseos de la carne, debido a sus fuertes prohibiciones. Pero Pablo nos recuerda en Colosenses 2:23: *"Tales cosas* (guardar días y reglas) *tienen a la verdad cierta reputación de sabiduría en culto voluntario, en humildad y en duro trato del cuerpo; pero no tienen valor alguno contra los apetitos de la carne"*. Sólo el Espíritu Santo provee la dinámica para sobresalir en la lucha contra la carne, aun en la vida del más santo.

Estos dos capítulos, 5 y 6, nos enseñarán otro factor tantas veces omitido; me refiero a *la obra de la Cruz*. Tantos hablan del control del Espíritu como si todo dependiese de él. ¡Como si fuera la culpa del Espíritu por no hacer su trabajo al ver tanta carnalidad entre nosotros! Si que él es fiel; el problema es que no le dejamos a él el lugar para que haga su obra santificadora. Gálatas nos recuerda la parte nuestra al dejar que la Cruz, nuestra muerte y resurrección con él, sea el factor acompañante y suplementario a la obra bendita del Espíritu Santo.

Romanos 8:12, 13 ponen en perfecto equilibrio estos dos factores: *"Así que, hermanos, deudores somos, no a la carne, para que vivamos conforme a la carne; porque si vivís conforme a la carne, moriréis*; **mas** (1) **si por el Espíritu** (2) **hacéis morir las obras de la carne, viviréis"**.

La iniciativa es de él, pero la reacción es nuestra por la fe obediente. Es ese perfecto equilibrio y cooperación entre primero lo divino y luego lo humano, dejando siempre que lo divino sea la potencia y lo nuestro la cooperación de nuestra voluntad renovada en Cristo. Todo es de su gracia.

Principios profundos para tomar en cuenta
1. La ley y la gracia, las buenas obras nuestras y la fe son totalmente incompatibles. No existe la manera de unirlas como la base de nuestra justificación ante Dios (5:2).
2. Los judaizantes querían confundir a los gálatas al proponerles que agregaran algo más a la obra de Jesús. Pablo les advierte solemnemente que tal camino abandonaría la obra de Cristo. No opera así la justificación ante un Dios santo (5:4).
3. Pablo se acerca a tal abandono peligrosísimo al sugerir que si procediesen por ese camino, ya habrían caído de la gracia. **No lo afirma, pero les advierte y les da la alerta (5:4).**

4. Pero con su corazón pastoral Pablo cree aún que no han dado ese paso, ni que lo darán, porque Dios ha hecho una obra genuina en sus vidas.
5. Las implicaciones para nosotros son fuertes: la respuesta a la ley y las buenas obras con base en nuestra energía es NO; sin embargo, la fe en la obra suficiente de la Cruz y el Espíritu Santo ameritan un rotundo SÍ. Tal es la vida victoriosa en Cristo que Pablo ampliará en el resto de los capítulos 5 y 6.

Capítulo 10
Cómo andar en el Espíritu Santo, la pregunta candente

Gálatas 5: 13-18

Introducción

El tono de Pablo en el estudio anterior (Gálatas 5:1-15) es bastante severo. Al hablar a sus hijos espirituales en Galacia, el apóstol no se anda con rodeos. Su exhortación es clara, puntual y Cristocéntrica. Pero en medio de todo, el apóstol revela su corazón pastoral. Su confianza está puesta en el hecho de que al final van a volver a Cristo, la única base de su justificación (5:10).

Mediante unas advertencias muy directas propone, en forma de una suposición, que *si* persisten en regresar a guardar la ley aceptando la circuncisión, habrán abandonado a Cristo y, ante ese supuesto, habrán caído entonces de la gracia (2-4).

Ante tal dilema espiritual, Pablo señala a los judaizantes acusándolos de crear confusión en medio de la iglesia. Los culpa también por querer tratar de bloquear la carrera espiritual de los gálatas (5: 7-9, <u>12</u>). No obstante, el apóstol mantiene todavía su confianza en Dios de que ellos volverán a su principio en la gracia *por el oír con fe* (3:2).

Hay tal convicción en Pablo que no duda en reafirmar la meta de su andar: *"Pues nosotros por el Espíritu aguardamos por fe la esperanza de la justicia; porque en Cristo Jesús ni la circuncisión vale algo, ni la incircuncisión, sino la fe que obra por el amor"* (5:5,

6). En breve resumen, él enfoca su fe en la obra del Espíritu Santo en sus vidas. Este enfoque lo va a ampliar en la próxima sección (5:16-18).

La herencia en Cristo es la libertad en santidad (Gálatas 5:13-15)

Pablo ahora abandona su énfasis en los judaizantes para trazar claramente la realidad del andar con Cristo en el poder de su muerte. Sólo volverá a tocar a los judaizantes al final de la epístola.

En esta sección, el apóstol tiene algo de mayor urgencia e importancia para desarrollar, su énfasis recae en explicar el **CÓMO** de andar en santidad bajo el control del Espíritu Santo. En el resto de la epístola Pablo nos presentará la respuesta al clamor nuestro: **¿CÓMO?**

Pablo reconoce la tendencia peligrosa de convertir nuestra libertad en Cristo en ese otro extremo, el libertinaje. *"Porque vosotros, hermanos, a libertad fuisteis llamados; solamente que no uséis la libertad como ocasión* (término militar-base) *para la carne, sino servíos por amor los unos a los otros"* (v.13).

Vale la pena recordar las palabras de la señora Jesse Penn-Lewis (a quien usó Dios grandemente en el avivamiento de Gales en 1905): "A veces el error no es más que la verdad desequilibrada, fuera del balance bíblico". En aquellos días del avivamiento genuino la divisa fue: *"Obedece al Espíritu".* Esto resultó en grandes triunfos, pero pronto el diablo mandó espíritus engañadores que los llevó a extremos dañinos de conducta.

Hubo obediencia, pero no al Espíritu Santo. Dios usó a la señora Penn-Lewis con el énfasis bíblico acompañante de Romanos 6, nuestra muerte a la carne y la fe en el Espíritu Santo para contra balancear lo extremo: en el Mensaje de la Cruz fue la preventiva que preservó tal avivamiento genuino y sigue siendo la dinámica de la santidad hoy.

El regulador divino sigue siendo siempre el servicio constante por amor los unos a los otros. Pablo cita Levítico 19:18: "... *amarás a tu prójimo como a ti mismo. Yo Jehová*". Concuerda Jesús en Mateo 22:37-40 al unir el amor a Dios con el amor al prójimo. Tal transformación depende exclusivamente del Espíritu, pues el ser humano es egoísta en lo sumo.

Sin embargo, en este enfoque en servir a otros haciéndolo en el amor divino, Pablo hace frente a la terrible realidad de que la carne se interpone; tantas veces trastorna la libertad en libertinaje o el legalismo. Esta realidad se ve plasmada en las luchas despiadadas que resultan en nuestras iglesias.

¿Quién no ha vivido en carne propia las envidias, el rencor y las rupturas en nuestras iglesias y en nuestras relaciones? Casi no existe una iglesia que no haya sufrido esta tragedia, por grande o pequeña que haya sido. Pablo hace frente ahora a eso entre los mismos gálatas; lo saca a plena luz al ilustrarlo en términos de los animales que así se tratan: *"pero si os mordéis y os coméis unos a otros, mirad que también no os consumáis unos a otros"* (Gálatas 5:15).

Miremos otro texto que nos ayude a respaldar este punto: *"De dónde vienen las guerras y los pleitos entre vosotros?¿No es de vuestras pasiones, las cuales combaten en vuestros miembros? Codiciáis, y no tenéis; matáis y ardéis de envidia, y no podéis alcanzar; combatís y lucháis, pero no tenéis lo que deseáis, porque no pedís. Pedís, y no recibís, porque pedís mal, para gastar en vuestros deleites. ¡Oh, almas adúlteras! ¿No sabéis que la amistad del mundo es enemistad contra Dios? Cualquiera, pues, que quiera ser amigo del mundo, se constituye enemigo de Dios?"* (Santiago 4:1-4).

Se pudieran multiplicar otros textos semejantes. Tenemos que ser francos: las luchas internas se hacen externas y toman formas escandalosas en las mismas relaciones entre aquellos que dicen llamarse hermanos. En realidad estamos rodeados de las evidencias de la carne en pleno reino. Y todo esto en el supuesto nombre de servir a Dios. ¡Qué barbaridad!

El Espíritu Santo versus la carne en la vida del creyente hoy día

Pablo ya llegó a lo práctico de su tesis. ¿Cuál es el remedio divino contra la carne todavía tan activa entre los hermanos? Para apreciar su énfasis en el ministerio del Espíritu Santo tenemos que volver a trazar los capítulos previos.

Recuerda que Gálatas es un solo mensaje que abarca verdades sobresalientes: lo genuino de la gracia de Dios (1:4, 5); la autoridad del evangelio en el apostolado de Pablo (1:11, 12); la obra fundamental de nuestra unión con Cristo en la Cruz (2:20); el papel clave *del oír con fe* (3:6, 7); el grave peligro de trastornar la ley en otra base de la justicia (5:2-4).

Por primera vez en Gálatas Pablo menciona el Espíritu Santo en 3:2-5. *"Esto solo quiero saber de vosotros: ¿Recibisteis el Espíritu por las obras de la ley, o por **el oír con fe?**"*. Esta pregunta clave debiera haber sido suficiente para apagar su interés en la ley. La oferta de los judaizante no les produjo nada, pero el simple *oír con fe* les trajo la justificación en Cristo y la llegada del Espíritu quien *"hace maravillas entre vosotros"* (v.5).

El Espíritu Santo les llegó con base en la fe y produjo en ellos todo aquello en lo que ahora se gozan. El Espíritu Santo llegó gratis, acompañando el evangelio y transformando sus vidas. En agudo contraste la ley les fue estéril. Las manifestaciones del poder del Espíritu *¿lo hacen por las obras de la ley, o **por el oír con fe?*** Mediante cinco preguntas imposibles de contestar, Pablo introduce al Espíritu de Cristo como la persona que ya vive en ellos y el único que puede traer la libertad en santidad.

El primer paso hacia la victoria: "Andad por el Espíritu" (Gálatas 5:16)

Ya le toca a Pablo dar los pasos hacia una vida bajo el control del Espíritu. Da una orden, modo imperativo en el tiempo presente siempre en vigor. *"Digo, pues: Andad en* (por, a través de) *el Espíritu, y no* (de ninguna manera jamás) *satisfagáis* (o el tiempo futuro fuerte: satisfaréis)[6] *los deseos de la carne"'* (5:16). Hay varios matices de significado que podemos considerar. La orden de andar o vivir por el Espíritu está en pie y lo que sigue puede ser una garantía de que no habrá en el futuro. ¿Por qué ceder a los deseos egoístas de la carne?

Algunos interpretan "satisfacer" o "cumplir" (véase el verbo sinónimo en Romanos 8:4) en el tiempo futuro indicativo y otros dicen que es en el modo subjuntivo, un mandato indirecto. Por un lado, tenemos la seguridad de no ceder a la carne, y por el otro una orden de no cumplir o ceder a la carne. Prefiero la primera interpretación. Ya que es el Espíritu, el Santo, que no nos involucrará nunca en ser cómplice de la carne. El Espíritu Santo siempre produce la santidad.

Otra razón por la cual no pueden coexistir en paz el Espíritu y la carne en el andar del creyente es debido a la incompatibilidad del Espíritu Santo y la carne (5:17). Son polos opuestos y no hay manera de armonizar sus fines. Se oponen a sí mismos. Si la carne anda suelta en la vida del creyente, no puede haber control del Espíritu Santo por mucho que hablemos del bautismo del Espíritu o la facilidad de orar, el cantar o hablar en lenguas o aunque, a nuestra manera de ver las cosas, hayamos tenido una gloriosa experiencia en el pasado. La bendición del Espíritu sólo descansa en quien actualmente es santo en su manera de vivir.

---

[6] J. B. Lightfoot, Saint Paul's Epistle to the Galatians, (London, MacMillan and Co.) 1881, p. 209.

Ya que es el Espíritu de Cristo (Romanos 8:9), sólo habla de Cristo y lo glorifica a él. *"Pero cuando venga el Espíritu Santo de verdad, él os guiará a toda la verdad; porque no hablará por su propia cuenta, sino que hablará todo lo que oyere, y os hará saber las cosas que habrán de venir. **El me glorificará; porque tomará de lo mío, y os lo hará saber.** Todo lo que tiene el Padre es mío, y os lo hará saber"* (Juan 16:13-15). Lo que nos anima es: *"Hijitos, vosotros, sois de Dios, y los habéis vencido; porque mayor es el que está en vosotros, que el que está en el mundo"* (1 Juan 4:4).

El creyente sincero frente a las dos dinámicas (Gálatas 5:17)

*"Porque el deseo de la carne es contra el Espíritu, y el del Espíritu es contra la carne; y éstos se oponen entre sí, **para que no hagáis lo que quisiereis"**.* ¿Qué quiere decir esta última frase? ¿Implica que la vida cristiana es una lucha interminable? De ninguna manera. Aunque estas dos dinámicas, el Espíritu y la carne, tienden en direcciones opuestas, hay que hacer frente a tal hecho, <u>pero no nos obliga a vivir siempre en tal derrota espiritual.</u>

Estas dos dinámicas son contradictorias entre sí; parecen competir; la evidencia de tal contradicción es patente en la vida de cualquier creyente sincero. Sin embargo, el hecho de que existan las dos en el creyente no nos obliga, repito, a vivir sumidos o encerrados en esa interminable lucha. A veces algunos intérpretes nos dejan con esa conclusión, ya sea dicha o inferida.

Esta sección de Gálatas introduce el posible conflicto entre el Espíritu y la carne. Pero en Romanos 7 y 8, Pablo mismo lo examina en mayor detalle describiendo su lucha interna y gemir ante la triste realidad de la carne. Fue lo que experimentó cuando vivía bajo la condena de la ley. Con toda honestidad, el apóstol señala tres pasos hacia abajo en su quebrantamiento durante su dura lucha. Pero, al final, ese proceso lo condujo a una victoria resonante.

Tres pasos en el descenso hacia el quebrantamiento como antesala de la victoria

1.) *"¿Luego lo que es bueno* (la ley en su debido ministerio), *vino a ser muerte para mí? En ninguna manera; sino que el pecado para mostrarse pecado, produjo en mí la muerte por medio de lo que es bueno, a fin de que por el mandamiento el pecado llegase a ser sobremanera pecaminoso.* (Romanos 7:13).

2.) *"Y yo sé que en mí, esto es, en mi carne, no mora el bien; porque el querer el bien está en mí, pero no el hacerlo"* (Romanos 7:18);

3.) finalmente, Pablo no pudo más: *"¡Miserable de mí! ¿quién me librará de este cuerpo de muerte?"* (Romanos 7:24).

Puede existir tal conflicto, pero no es de ninguna manera la suerte o el final del creyente. El evangelio provee los medios por los cuales todo creyente puede vivir bajo el control del Espíritu y no bajo el de la carne, según Pablo asegura a los gálatas.

Pablo relata en detalle la triste experiencia que le pasó cuando en dicha ocasión él aceptó la ley como el medio de la vida cristiana en Romanos 7:7-24. Pero no era la vida cristiana normal (como Watchman Nee afirma en el título de su valioso libro), porque afirma después de la iluminación del Espíritu en el siguiente verso: *"Gracias doy a Dios, por Jesucristo nuestro Señor"* (Romanos 7:25).

Después de una brevísima referencia al pasado en 7:25(b) se lanza en Romanos 8:1-4. *"Ahora, pues, ninguna condenación* (ningún tipo de condenación) *hay para los que están en Cristo Jesús, Porque la ley del Espíritu de vida en Cristo Jesús me* (nos) *libró* (tiempo aoristo/pasado en el original) *de la ley del pecado y de la muerte. Porque lo que era imposible para la ley, por cuanto era débil por la carne, Dios, enviando a su Hijo en semejanza de* carne de pecado y a causa del pecado, condenó el pecado en la carne para que la justicia de la ley se cumpliese en nosotros, que no andamos conforme a la carne sino conforme al Espíritu".

Ésta es la victoria resonante que Pablo elabora en el resto de Romanos 8, el capítulo de la vida victoriosa bajo el control del Espíritu.

Otra Afirmación: bajo la gracia somos guiados por el Espíritu Santo (Gálatas 5:18)

"Pero si sois guiados por el Espíritu, no estáis bajo la ley". Pablo reafirma que la ley sólo trae condenación porque nuestras mejores fuerzas son impotentes. Pero bajo la gracia de Dios nuestras fuerzas débiles se sustituyen por el poder del Espíritu que nos hizo ya nuevas criaturas en Cristo, soltando de una vez la misma dinámica del Espíritu. *"Porque el pecado no se enseñoreará de vosotros; pues no estáis bajo la ley, sino bajo la gracia"* (Romanos 6:14). Esto es lo que los gálatas, tentados a volver a la esclavitud de la ley, necesitaban oír.

Pablo vuelve a su tesis que el reinado de la ley sólo provoca la carne. Cuanto más el creyente quiere refrenar la carne y sus deseos, tanto más fracaso experimenta. Los esfuerzos inútiles nuestros nos conducen a la desesperación y la frustración.

Debemos recordar que el creyente ya murió a la ley y vive unido a Cristo resucitado. *"Así también vosotros, hermanos míos, habéis muerto a la ley mediante el cuerpo de Cristo, para que seáis (casados) de otro, del que resucitó de los muertos, a fin de que llevemos fruto para Dios... Pero ahora estamos libres de la ley, por haber muerto para aquella en que estábamos sujetos, de modo que sirvamos bajo el régimen nuevo del Espíritu y no bajo el régimen viejo de la letra "* (Romanos 7: 5, 6).

La Epístola a los Romanos complementa y coincide con la carta a los Gálatas. Ambos trazan el proceder de la libertad en santidad.

Romanos nos da la verdad en forma teológica y Gálatas en forma práctica frente a la ley que provoca la carne en sus múltiples manifestaciones; Pablo pronto hablará en el resto del capítulo, nuestro próximo estudio.

Poderoso puntos para tomar en cuenta
1. La carne en pleno desarrollo resulta en celos amargos y contenciones y toda obra perversa (Santiago 3:16).
2. El evangelio nos introduce a una nueva relación: nuestra unión con Cristo, muertos a la ley y unidos a Cristo resucitado quien opera en nosotros a través del Espíritu Santo: *"Andad en el Espíritu y no satisfaréis los deseo de la carne"* (Gálatas 5:16).
3. Aunque las dos dinámicas son incompatibles, es nuestra sumisión y obediencia al Espíritu lo que produce la verdadera libertad en santidad (Gálatas 5:18).
4. No es por los valientes esfuerzos nuestros sino por el oír con **fe**, nuestra muerte y resurrección en Cristo quien nos llena de su Espíritu. No es tanto una experiencia sino un andar diario.
5. Pablo tendrá más por decir sobre las obras de la carne contra el fruto del Espíritu en el resto del capítulo cinco. Cerrará con broche de oro el tema con: *"Pero los que son de Cristo han crucificado la carne con sus pasiones y deseos. Si vivimos por el Espíritu, andemos también por el Espíritu"* (Gálatas 5:24, 25).

Capítulo 11
¿Cómo se ve la vida bajo la tiranía de la carne?

Gálatas 5:19-23

Introducción

En el estudio anterior, Gálatas 5:16-18, Pablo ha puesto al Espíritu Santo en el mero centro de la vida Cristiana normal. El Espíritu, el Santo, provee las fuerzas y la dinámica para vivir por encima de las atracciones de la vida vieja.

Todo esto se ve desplegado también en Romanos 6-8 que parte de la obra de la Cruz y de nuestra identificación como creyentes con Cristo en muerte al pecado y a la ley. Así resulta la victoria en nosotros por la disponibilidad actual del Espíritu en todo momento. Sólo por fe la afirmamos en la obediencia de corazón.

Pablo ha hablado de la triste realidad de la carne que puede persistir aun en la vida del creyente. Pero más bien ha enfocado fuertemente su mensaje de la persona del Espíritu, dado en gracia al creyente desde el primer momento de su justificación (Romanos. 5:1-5; Gálatas 4:4-6). Es el Espíritu Santo el que nos garantiza que el creyente puede vivir en victoria. Pablo dice: *"Andad en el Espíritu, y no satisfagáis los deseos de la carne" (Gálatas 5:16).*

Aunque el Espíritu y la carne existen en mutua enemistad, incompatibles en todo sentido, el creyente puede ser guiado por el Espíritu, libre de la ley que siempre ha provocado la carne con sus demandas imposibles. La vida cristiana, entonces, no es empate, ni tregua, ni lucha incansable. Es victoria en Cristo.

Las obras de la carne NO corresponden al creyente (Gálatas 5:19-21)

Pablo ahora empieza a pintar la carne en toda su fealdad. La ley de Moisés, la sutil atracción para los gálatas, no pudo refrenarla, mucho menos producir la libertad en santidad. Para que nadie se confunda, Pablo pone la triste lista de *"la pasada manera de vivir"* (Efesios 4:22) de los gálatas. Su trasfondo gentil, rodeados del paganismo y la cultura grecorromana, había dejado sus huellas en su vida. Pero como los corintios (1 Corintios 6:9-11) los gálatas habían sido lavados, santificados, justificados *"en el nombre del Señor Jesucristo y por el Espíritu Santo de nuestro Dios"* (1 Corintios 6:11).

"Y manifiestas son las obras de la carne". Pablo no tiene que decir nada más. Se ven abiertamente por lo que son. Es significativo que use la palabra "obras". Más adelante hablará del "fruto" del Espíritu. Esto saca el agudo contraste entre las dos dinámicas. Las obras de la carne son como yerbas malas que sirven sólo para ser arrancadas, no produciendo nada bueno.

Al contrario el fruto del Espíritu produce lo saludable y benéfico. Santiago recalca lo mismo: *"Hermanos míos, ¿puede acaso la higuera producir aceitunas, o la vid higos? Así también ninguna fuente puede dar agua salada y dulce"* (Santiago 3:12). En breve, Pablo afirma que andar en el Espíritu no producirá nunca las obras de la carne, las tristes obras de nuestra pasada manera de vivir.

La lista incompleta de las obras de la carne

Pablo conocía bien la cultura grecorromana y en sus varias exhortaciones a los hermanos da listas de las manifestaciones de la carne. Considérense Romanos 1:24-32; 1 Corintios 6:9-11; 2

Corintios 12:21; Efesios 5:3-5; Colosenses 3:5-9; Tito 3:3. Esos pecados los vemos todos los días en el mundo que nos rodea. Aun en nuestras iglesias se ven estas riñas y dentro de nuestro corazón late la tentación de ceder al viejo hombre. Es claro que el creyente no puede reclamar una vida "llena del Espíritu" y a la vez entregarse al orgullo "espiritual", las contiendas y la avaricia.

J.B Lightfoot sugiere que se puede dividir la lista incompleta en cuatro divisiones: 1.) las pasiones sensuales: fornicación, inmundicia y lascivia; 2.) tratados ilícitos en la religión: idolatría y hechicería; 3.) violaciones del amor fraternal: enemistades y asesinatos, en total nueve pecados enumerados en el texto; 4.) y excesos en demasía: borrachera y orgías.[7]

La carne en plena manifestación: las pasiones sexuales

Se puede decir que la primera división tiende hacia lo sexual, una profunda descripción de aquella inmundicia histórica y observada aun más en nuestra era. La sutil invasión peor ya se encuentra inadvertida en nuestros hogares en la Internet, la computadora y la televisión. La pornografía está tan cerca de quien tiene que usar la computadora para el ministerio, que se convierte en una trampa del diablo ahora más accesible que nunca.

La Internet, posible fuente de estudios bíblicos, capaz de edificación de nuestros hogares se convierte en una tentación en el momento menos esperado. Aun los mismos pastores y creyentes se hallan atrapados en un mundo silencioso e íntimo que da resultados tan tristes en su matrimonio y más aun en su relación con Dios mismo y, por ende, en el ministerio. Compañeros míos han perdido su corona por ello.

---

[7] J. B Lighfoot, St.Paul's Epistle to the Galatians, (London, MacMillan and Com.), 1881, p. 210. (traducción del autor)

Ningún creyente está exento de los ataques del diablo. **La carne es el primer aliado del diablo** quien sabe muy bien manipular los deseos impuros bien arraigados en la vieja naturaleza. Quien no se sienta culpable puede arrojar la primera piedra.

Hoy en día la cultura presiona a los jóvenes para que acepten la definición de lo inmundo sólo como otro estilo de vida, permisible o igual al estilo bíblico. La nueva generación, aun de los evangélicos, que crecen bajo esta influencia abrumadora del postmodernismo --nada es malo ni es bueno sino que todo está bien si es del gusto de la persona– muchos van aceptando sutilmente estas premisas.

Pero la Biblia condena tajantemente todo aspecto de la fornicación/adulterio, perversión, inmundicia, sea la homosexualidad o el lesbianismo o el transgender/ transgénero. Llegará el día quizá que suframos ante nuestro gobierno por denunciar lo que Dios denuncia. *"Honroso sea en todos el matrimonio, y el lecho sin mancilla; pero a los fornicarios y a los adúlteros los juzgará Dios"* (Hebreos 13:4).

La carne en plena manifestación: la prohibición rotunda de la hechicería

Pablo hace frente a la carne con una prohibición de toda idolatría o interés en lo satánico. El Antiguo Testamento denuncia la idolatría como un desafío a Dios mismo. Véanse Deuteronomio 18:9-14. Moisés pone una lista detallada de nueve aspectos de la hechicería. Es destronar a Dios y entronar la adoración del maligno y sus huestes infernales. Ese mal aflige incluso a los creyentes inmaduros sumidos en las tradiciones de la brujería y la visita a los curanderos. Es una afrenta a Dios vacilar en tal ambiente satánico. Pablo trata el asunto claramente en 1 Corintios 10:14-22: *"Por tanto, amados míos, huid de la idolatría... Antes digo que lo que los gentiles sacrifican, a los demonios lo* sacrifican, y no a Dios; y no quiero que vosotros os hagáis partícipes con los demonios".

La carne en plena manifestación: las violaciones del amor fraternal

Las dos anteriores obras de la carne, la inmundicia y la hechicería, deben ser ya rechazadas por el creyente. Pero Pablo reconoce la tentación de la carne hacia lo sexual prohibido y la hechicería aun en el creyente. Pero en esta tercera categoría usa nueve palabras para sacar a la luz lo común aun entre los creyentes en Galacia. Termina este párrafo diciéndoles: *"No nos hagamos vanagloriosos, irritándonos unos a otros, envidiándonos unos a otros"* (5:26). La lista puede sorprendernos: *"enemistades, pleitos, celos, iras, contiendas, disensiones, herejías, envidias, homicidios"* (vv.20, 21).

Lighfoot sugiere que el énfasis va en aumento: 1.) enemistades, en general va en contra del amor en intención y acto; 2.) pleitos, ambiente de guerra sin referencia al propio interés; 3.) celos, rivalidades que buscan fuertemente su propio interés; 4.) iras, arranques más apasionados y acalorados; 5.) contiendas, cismas que resultan en partidos contrarios; 6.) disensiones, hostilidad que resulta en separación temporaria; 7.) herejías, divisiones permanentes o sectas; 8.) envidias, acto de groserías que quieren quitarle a otro aun lo que tiene; 9.) homicidios, el acto final de quitarle a alguien la vida misma.[8]

¡Qué anatomía o análisis de la carne! ¡Cuántas veces no hemos sentido semejantes reacciones y aun haberlas permitido salir en actitud y en acción! Peor aún, muchas veces las hemos justificado. ¡Qué iglesia no se ha dividido por semejantes actitudes y expresiones de la carnalidad!

---

[8] Ibid, pp. 210, 211, (traducción del autor).

La carne en plena manifestación: todo libertinaje en demasía

Ya que el análisis va en aumento, éste es el colmo: borracheras y orgías. Para Dios este estilo de vida va más allá de lo tolerado. Sólo se espera el juicio de Dios final y último. En Gálatas 5:21 Pablo aclara: *"... borracheras y orgías y cosas semejantes de estas; acerca de las cuales os amonesto, como ya os lo he dicho antes, que los que **practican** tales cosas no heredarán el reino de Dios".* Se debe entender que Pablo describe la carne tal como opera en el incrédulo. El énfasis cae en los que **practican** o viven a gusto en tal ambiente por no conocer a Dios.

Sin embargo, Pablo reconoce la tendencia inherente de la carne, aun en el creyente. Algunos de esos mismos pecados afligían a las mismas iglesias en Galacia. Pablo establece el hecho de que la ley sólo provoca a la carne; en su búsqueda de la ley ellos se abren exactamente a tales pecados. En semejante pasaje en Colosenses 2:23: *"Tales cosas --prohibiciones de la ley-- tienen a la verdad cierta reputación de sabiduría en culto voluntario, en humildad y en duro trato del cuerpo; **pero no tienen valor alguno contra los apetitos de la carne".*** La historia de la iglesia es un triste relato de tal anomalía.

La gran pregunta: ¿Cómo salirme de las garras de la carne?

En Romanos 7:7-24, Pablo reconoce tal lucha fútil en aquella ocasión, aun en su propia persona. Por fin clamó: *"¡Miserable de mí! ¿Quién me librará de este cuerpo de muerte?"* Tal lucha ante la fuerza de la carne sigue siendo la realidad en todo creyente. Sin embargo, Dios no nos abandona a las fuerzas de la carne. En Cristo nos provee una verdadera victoria que puede resultar en lo que sigue en Gálatas 5: 22, 23: *"Mas el fruto del Espíritu es amor, gozo, paz, paciencia, benignidad, bondad, fe, mansedumbre, templanza; contra tales cosas no hay ley".*

¡Cuántos creyentes no han aspirado y luchado por alcanzar el fruto del Espíritu! Esa *lucha* es precisamente el camino más equivocado para alcanzar la victoria sobre la carne. Algunos han ofrecido una variedad de sustitutos: una gloriosa experiencia por recibir con base en el ayuno o éxtasis, hablar en otra lengua, buscar una visión, una profecía o algún don extraordinario. Pero a largo plazo no resulta.

No obstante, la verdadera victoria está a la mano del creyente. Juan declara en 1 Juan 5:4: *"Porque todo lo que es nacido de Dios vence al mundo; y esta es la victoria que ha vencido al mundo, nuestra fe"*.

Dios responde siempre a la honestidad, a un corazón quebrantado en sus luchas. El remedio divino es una fe que depende tan solamente de la obra de la cruz. *"El justo por la fe vivirá"* (Habacuc 2:4; Romanos 1:17; Gálatas 3:11; Hebreos 10:38). Pablo la describe en pleno detalle en Romanos 5:21-8:39. Los eruditos exegetas del Nuevo Testamento nos dicen que estas dos cartas, Gálatas y Romanos, tratan el mismo tema, la victoria a través de Cristo y la llenura del Espíritu Santo y no por medio de la ley.

Los pasos hacia la victoria en unión con Cristo Jesús

Antes de dejar este estudio de la carne, una situación tan fea y tan presente, vale la pena dar una vuelta a Romanos carta en la que Pablo pone en alto el Mensaje de la Cruz. El único remedio sano y eficaz es lo que Cristo hizo de una vez y para siempre en la Cruz, clavando nuestro viejo hombre en el madero. *"Sabiendo*/conociendo *esto, que nuestro viejo hombre fue crucificado juntamente con él, para que el cuerpo del pecado sea destruido* (anulado, rendido nulo)*, a fin de que no sirvamos más al pecado"* (Romanos 6:6).

Gálatas

Tal fue el veredicto final de Dios contra la carne cuando él rechazó todo esfuerzo propio por noble que pareciera. Desde esa Cruz, en nuestra identificación con él en muerte al pecado, sigue el nuevo punto de partida del creyente ya sea joven o viejo. Ya no es **imitación** como decía mi mentor, Dr. F J. Huegel, sino **nuestra identificación y luego por fe nuestra participación**. ¡Qué tremenda diferencia! Cristo me llevó a la Cruz y ahora vive en mí. Él es la vid y yo el pámpano (Juan 15:1-8).

Pero hay más **por creer y obedecer;** sigue Pablo diciendo: "*Consideraos* (contaos) *muertos al pecado y vivos para Dios… no dejando reinar el pecado en vuestro cuerpo mortal… ni tampoco presentéis vuestros miembros al pecado… sino presentaos vosotros mismos a Dios como vivos de entre los muertos, y vuestros miembros a Dios como instrumentos de justicia*" (Romanos. 6:11-13). Esta paráfrasis abarca los cuatro pasos por creer y escoger/obedecer.

El verbo "considerar" es **contar** con la pura realidad de que morimos ya de manera judicial. No depende de los sentimientos y el consentimiento intelectual. Depende de la obra realizada "de una vez por todas" en la cruz (Romanos 6:10). Claro que la fe de corazón vuelve a la declaración divina: *"fuimos crucificados juntamente con él"*. Tomar esa posición verídica resulta en romper el domino propio en la vida vieja. Pero es una fe que se mantiene siempre bajo el veredicto divino.

Tal fe se manifiesta en **no ir presentando** los miembros al viejo dueño (Romanos 6:13a). Es una fe que escoge comprometerse y que de una vez **se presenta la voluntad** y luego los miembros a Dios como vivos de la muerte (Romanos 13b).

Entonces Dios nos asegura: *"porque el pecado **no se enseñoreará** de vosotros; pues no estáis bajo la ley, sino bajo la gracia"* (Romanos 6:14). Es allí mismo donde opera el Espíritu Santo en gracia dando las fuerzas y llenando el corazón que cree y obedece. **Es cuestión de fe y obediencia,** la fe que escoge comprometerse con la palabra de la Cruz.

Desde esa posición tomada en pura fe, el Espíritu produce en nosotros el fruto del Espíritu Santo.

Este **acto** de fe que se convierte en una **actitud** de fe y así resulta en un andar, un proceso de maduración. En la próxima lección veremos cómo se ve la vida en victoria en Cristo Jesús.

Capítulo 12
¿Cómo se ve la vida cristiana bajo el control del Espíritu Santo?

Gálatas 5:22-26

Introducción

En el estudio previo se vieron las obras de la carne en toda su fealdad y universalidad. No fue un cuadro edificante, más bien muy triste y humillante. Como dijo Jesús categóricamente: *"la carne para nada aprovecha; las palabras que yo os he hablado son espíritu y son vida"* (Juan 6:63).

La Epístola a los Gálatas, sin embargo, no nos dejó en tal posición abismal de derrota sino que vuelve a ver el "fiat" o el fallo divino sobre nuestra muerte al pecado según Romanos 6:1-14, epístola gemela de Gálatas. *"¿Qué, pues, diremos? ¿Perseveraremos en el pecado* —naturaleza vieja— *para que la gracia abunde? En ninguna manera. Porque los que* **hemos muerto al pecado***, ¿cómo viviremos aún en él?"* (Romanos 6:1, 2).

Podemos ver el contraste entre el título del estudio anterior y el de este capítulo. El primero nos remite a la carne: ¿Cómo se ve la vida cristiana bajo la tiranía del pecado?, y el segundo nos habla del poder del Espíritu: ¿Cómo se ve la vida cristiana bajo el control del Espíritu Santo?

La supremacía del Espíritu Santo en la vida del creyente

Pablo introdujo la persona del Espíritu en Gálatas con dos preguntas muy penetrantes: *"¿Recibiste el Espíritu Santo por las obras de la ley, o por **el oír con fe**?"* y una vez más la advertencia: *"¿Tan necios sois?¿ Habiendo comenzado por el Espíritu, ahora vais a acabar por la carne"?* (Gálatas 3:2, 3). Luego dice: *"¿Y por cuanto sois hijos, Dios envió a vuestros corazones el Espíritu de su Hijo, el cual clama: ¡Abba, Padre!"* (4:6).

Nótese que aquí no clamamos nosotros ¡Abba, Padre! sino que es el mismo Espíritu quien clama: ¡Abba, Padre! Fíjese en el otro orden en Romanos 8:15 donde nosotros clamamos: ¡Abba, Padre! ¡Qué clamor tan íntimo en que compartimos nosotros en la intimidad de la Trinidad! Tal es nuestra victoria en la vida cristiana bajo el control del Espíritu Santo.

El fruto del Espíritu en su plenitud

La primera cosa que nos llama la atención es la calidad del fruto en comparación con las obras de la carne. En lugar de ser obras malas como son las de la carne, el fruto resulta en una vida cristocéntrica en abundancia. Las obras de la carne hablan de la fuerza humana, el producto del ser humano. El fruto del Espíritu resulta en la dinámica divina interior que manifiesta la imagen de Cristo. Las diferencias son tan grandes como el contraste entre las tinieblas y la luz. Las obras requieren el esfuerzo humano; el fruto fluye de una vital conexión con el Espíritu mismo.

Nos recuerda la enseñanza de Jesús en el Aposento Alto: *"Yo soy la vid verdadera, y mi Padre es el labrador … y todo aquel que lleva fruto, lo limpiará, para que lleve más fruto… Yo soy la vid, vosotros los pámpanos; el que permanece en mí, y yo en él, éste lleva mucho fruto; porque separados de mí nada podéis hacer"* (Juan 15:1, 2 5).

John B. Lightfoot, el exegeta maestro inglés, sugiere la siguiente división posible de las nueve virtudes del Espíritu. Significativamente hay tres agrupaciones de tres, el número que lleva la marca de la Trinidad.

La primera es amor, gozo y paz; son los hábitos de **la mente de Cristo** en nosotros en términos más generales.

La segunda es paciencia, benignidad y bondad; son las cualidades especiales de **la mente de Cristo** en el creyente en relación con los demás que le rodean.

La tercera es fe, mansedumbre, templanza; son los principios generales en **la mente de Cristo** que dirigen la conducta, honestidad, gentileza y templanza del creyente.[9] Este fruto del Espíritu es nada más ni nada menos que Cristo que mora en el creyente. El Espíritu Santo nos revela a Cristo. No tiene otra misión.

Lo que se puede decir con toda certidumbre es que las virtudes sin excepción son reflejo y eco de la vida resucitada de Cristo que mora en nosotros. Tal ha sido y sigue siendo la misma vida de Cristo. No nos debe sorprender porque el maestro mismo nos dijo: *"Pero cuando venga el Espíritu de verdad, él os guiará a toda la verdad; **porque no hablará por su propia cuenta**, sino que hablará todo lo que oyere, y os hará saber las cosas que habrán de venir. **El me glorificará;** porque tomará de lo mío, y os lo hará saber. Todo lo que tiene el Padre es mío; por eso dije que tomará de lo mío, y os lo hará saber"* (Juan 16:13-15).

---

[9] J. B. Ligthfoot, St.Paul's Epistle to the Galatians, (London, MacMillan and Com.) 1881, p. 213. (traducción del autor)

Gálatas

El fruto del Espíritu Santo es amor, gozo, paz: la mente de Cristo en nosotros

Algunos creen que los nueve aspectos del fruto se encierran en el amor mismo, ya que Dios es amor. **El amor, ágape**, es Dios buscando el bienestar espiritual en sus criaturas. El Espíritu despliega esa motivación en todo momento. Mi mentor, L. E. Maxwell, solía leernos 1 Corintios 13 de esta manera: "Cristo en mí es sufrido, Cristo en mí es benigno, Cristo en mí no tiene envidia, Cristo en mí no es jactancioso, Cristo en mí no nos envanece" y así sucesivamente por el resto del capítulo. He repetido este buen consejo a centenares de mis alumnos.

El gozo es ese estado de ánimo constante frente a toda situación adversa o favorable. En el Aposento Alto bajo la sombra de la Cruz y al ser traicionado por Judas, Cristo consuela a sus débiles discípulos diciendo: *"Estas cosas os he hablado, para que mi gozo esté en vosotros, y vuestro gozo sea cumplido"* (Juan 15:11).

La paz es esa cualidad de perfecto reposo en los brazos de Cristo en todo momento duro o dulce. Del mismo modo dijo Jesús en el Aposento Alto: hablando del Espíritu Santo, el Consolador: *"La paz os dejo, mi paz os doy; no os la doy como el mundo la da. No se turbe vuestro corazón, ni tenga miedo"* (Juan 14: 27).

El fruto del Espíritu Santo es paciencia, benignidad y bondad: la mente de Cristo en nosotros para con otros

La paciencia es esa virtud pasiva que bajo mucha presión no pierde su ánimo sino que sirve a quien puede sin ningún pensamiento de mérito o recompensa. Tiene que ser una virtud divina porque el ser humano no la obtiene del mundo. El Espíritu basta para tal paciencia.

La benignidad es una virtud de gentileza hacia el prójimo. Es la virtud de aguantarlo todo sin responder con amargura ni decepción. Otra vez es imposible para el ser humano, pero el Espíritu la provee en la persona de Cristo en nosotros.

La bondad es una dinámica positiva que da energía en toda situación contraria. Varias veces Pablo habla de la bondad de Dios. *"Pero cuando se manifestó **la bondad** de Dios nuestro Salvador, y su amor para con los hombres, nos salvó, no por obras de justicia que nosotros hubiéramos hecho, sino por su misericordia, por el lavamiento de la regeneración y por la renovación en el Espíritu Santo"* (Tito 3:4, 5).

El fruto del Espíritu Santo es fe, mansedumbre y templanza: la mente de Cristo en nosotros   como aquellas cualidades que dirigen nuestra conducta

La fe no se refiere a lo que creemos sino a nuestra fidelidad ante Dios en todo aspecto de la vida. Esa dependencia nos hace constantes, disciplinados en hábito y carácter. Tal honradez y honestidad es una virtud que da como resultado el hecho de que todos puedan tener plena confianza en nosotros.

La mansedumbre es la sensibilidad, la debida ternura ante todo tipo de persona. Es un ánimo de consideración que pone al otro por encima de sus intereses. Pablo en la defensa de su ministerio dice: *"Yo Pablo os ruego por **la mansedumbre y ternura** de Cristo, yo que estando presente ciertamente soy humilde entre vosotros, mas ausente soy osado para con vosotros"* (2 Corintios 10:1).

La templanza es ese espíritu de auto-disciplina, auto-control en toda situación. Pablo reta a Timoteo con la confianza de que él desarrolle ese dominio. *"Porque no nos ha dado Dios espíritu de cobardía, sino de poder, de amor y de **domino propio (templanza)**"* (2 Timoteo 1:7).

Vale la pena recalcar que todas estas cualidades son fruto del Espíritu. No se originan en nuestros mejores esfuerzos religiosos. Sólo Cristo en nosotros puede irradiar estas cualidades que tanto nos hacen falta. **Es de notar también que Pablo no diga absolutamente nada con respecto a los milagros, visiones, profecías, dones, ni experiencias personales.** El Espíritu produce en ti y en mí la misma imagen de Cristo.

La vida crucificada hace posible de manera creciente esta abundancia (Gálatas 5:24-26)

Es sumamente significativo que Pablo siga con el verso de Gálatas 5:24. Éste es el gran "cómo" de poder llevar tal vida. El verso debe rezar así: *"Pero los que son de Cristo Jesús **crucificaron** (tiempo aoristo/pasado) la carne con sus pasiones y deseos".* **Se da por sentado que por haber tomado esa identificación con Jesús en muerte al pecado y vivo en Cristo Jesús fluye, entonces, la obra del Espíritu.**

La Cruz y nuestra *identificación* con él en muerte a la naturaleza del pecado (Romanos 6:1, 2) resulta en nuestra *participación* en su vida resucitada, descrita arriba como el fruto del Espíritu. Es participación en su propia vida resucitada, no nuestra mera imitación de él por nuestros pobres esfuerzos. Esto es la toma de fe de Romanos 6:6, 11-14.

Pablo vuelve a la amonestación que dice: *"Si vivimos por el Espíritu* (rumbo al Espíritu,) *andemos también por el Espíritu"* (v.25). Juntamente con esta exhortación, el apóstol nos recuerda que no debemos dar lugar a la carne. *"No nos hagamos vanagloriosos, irritándonos unos a otros, envidiándonos unos a otros".*

Vuelve a la verdad de que la victoria no es una condición automática sino que requiere del andar por fe con base en la Cruz. Esto es una realización de la vida cristiana. La victoria en Cristo es nuestra con tal que llevemos la vida crucificada con Cristo. Es entonces cuando el Espíritu Santo hace que este tipo de vida sea más que posible. **A Dios sean las gracias.**

Una palabra de cautela frente a lo que puede ser un posible peligro

Es bueno hacer una advertencia solemne: el Espíritu Santo quien inspiró las Sagradas Escrituras se mueve siempre para glorificar a Cristo, el crucificado y resucitado Hijo de Dios. No habla por su propia cuenta. Magnifica a Jesús. Hace su obra con base en las Escrituras, cultivando en nosotros la fe y la obediencia que traen siempre su poder transformador.

Pero cuando el "toque" del Espíritu Santo se busca separado de la vida resucitada de Cristo, entonces resultan los excesos, extravagancias y peligros espirituales muy grandes. Muchas veces la llenura del Espíritu es buscada mediante esfuerzos nuestros, el propósito –en tal caso-- es lograr una "bendición" personal, un don --aun legítimo-- o una "experiencia".

Elevar el hablar en lenguas a tal lugar como si fuera la única evidencia de la llenura del Espíritu no es bíblico. No niego que Dios puede dar los dones que él quiere y que edifiquen al Cuerpo de Cristo, la Iglesia. Pero puede ser peligrosa la distorsión o una verdad fuera del balance bíblico. He visto personalmente tales casos que han resultado mal.

Hoy en día en muchas partes hay la costumbre común en los cultos de "avivamiento" o del evangelismo masivo de **tumbar a la gente** como si fuese comprobación del poder del Espíritu. Tal caída de ninguna manera es de Dios, ni produce la santidad, ni mucho menos la humildad. Es la espuma de las emociones que no cambian el corazón. Todo esto no deja de ser un "show". El resultado no es duradero.

Puede que hayan existido algunas expresiones de grande emoción en algunos avivamientos históricos, tales como los de Juan Wesley y Charles Finney. Pero tales emociones estaban al margen de la obra del Espíritu, nunca fueron la esencia del movimiento de Dios.

Tristemente aquellos que promueven la siempre "nueva ola del Espíritu", lo hacen con el fin de establecer su "reino" y engrandecer su ministerio. No en vano muchos de estos famosos tele-evangelistas han caído en pecado a pesar de sus grandes pretensiones.

Frecuentemente en tales cultos el egoísmo del evangelista eclipsa el honor que solo Cristo merece. Se oyen doctrinas dudosas como si se hubiera recibido alguna visión o profecía que compita con las mismas Escrituras. En mis sesenta y dos años de ministerio en Canadá, los Estados Unidos y en muchas partes de América Latina, he visto y he oído de estos mal llamados movimientos del Espíritu.

La señora Jesse Penn-Lewis, quien Dios usó poderosamente en el verdadero avivamiento de Gales en 1905, nos aconseja con base en sus observaciones de primera mano: "El Espíritu se comunica directamente con nuestro espíritu, pero no con el fin de darnos una sensación en el cuerpo. Y si bien es cierto que puede haber un gozo espiritual que desborde en nuestros afectos, no es una emoción buscada, sino que es nuestro espíritu siendo tocado con el fin de que él produzca en nosotros la santidad, la humildad y el amor". La obra del Espíritu Santo es con el fin de hacernos más como Cristo en nuestro diario vivir. (El autor parafrasea lo que recuerda de los escritos de la señora Jesse Penn-Lewis los cuales le guiaron en su adolescencia).

El enemigo de nuestra alma puede falsificar casi cualquier experiencia humana o aun el milagro, tal como sucedió con los adivinos de Egipto (Éxodo 7:22). Dios no necesita los fenómenos ni los milagros para crear la fe y establecer su poder. Él puede hacer todo lo que quiera, pero sólo permite aquello que no es peligroso para el creyente. Dios prefiere que aprendamos a andar por fe y no por vista.

Al final de cuentas, ¿dónde reside el Espíritu Santo? Reside en nuestro espíritu ya vivificado en la regeneración. Cristo lo afirma: *"Si alguno tiene sed, venga a mí y beba. El que cree en mí, como dice la Escritura, **de su interior correrán ríos de agua viva.** Esto dijo del Espíritu que habían de recibir los que creyesen en él; pues aún no había venido el Espíritu Santo, porque Jesús no había sido aún glorificado"* (Juan 7:37-39).

*"Pero el que se une al Señor, **un espíritu es con él**"* (1 Corintios 6:17). *"**El Espíritu mismo da testimonio a nuestro espíritu,** de que somos hijos de Dios"* (Romanos 8:16). Finalmente, Pablo eleva esta doxología: *"Y el mismo Dios de paz os santifique por completo; y todo **vuestro ser, espíritu, alma y cuerpo,** (nótese el orden) sea guardado irreprensible para la venida de nuestro Señor Jesucristo. Fiel es el que os llama, el cual también lo hará"* (1 Tesalonicenses 5:23, 24).

Capítulo 13
El andar en el Espíritu en la vida cotidiana

Gálatas 6: 1-6

Introducción

En el capítulo 5 de esta epístola, Pablo ha llamado a los gálatas a la libertad en Cristo que es su propia herencia. Ya muertos a la ley (Gálatas 2:19), los creyentes hallan en el Espíritu Santo --la persona que mora en ellos-- el verdadero poder para vivir libres en esa santa libertad. *"Porque vosotros, hermanos, a libertad fuisteis llamados; solamente no uséis la libertad como ocasión para la carne, sino servíos por amor los unos a los otros"* (Gálatas 5:13).

Luego Pablo los reta a que anden en el Espíritu tomando muy en cuenta que la carne, la vida vieja, puede persistir en ellos. Con un contraste muy fuerte, describe las obras feas de la carne (5:19-21), pero a la vez no pierde de vista que el Espíritu produce en ellos el bendito fruto: amor, gozo, paz, paciencia, benignidad, bondad, fe, mansedumbre y templanza (5:22, 23).

Después sigue la marcha verdadera del creyente, ahora que ya ha tomado de nuevo su posición con Cristo crucificado, sepultado y resucitado (Romanos 6:1-6). El radio (elemento de radiación) mata el cáncer del viejo hombre. *"Pero los que son de Cristo Jesús han crucificado la carne con sus pasiones y deseos"* (5:24).

Una vez más vemos que el poder de la Cruz en la vida del creyente es la clave de su victoria en Cristo Jesús. La cruz en su aplicación personal y a diario es el remedio divino. Pablo termina advirtiéndoles: *"no nos hagamos vanagloriosos, irritándonos unos a otros, envidiándonos unos a otros"* (5:26). Siempre presente está la carne traicionera, pero no tiene que estar en control.

Consejo del Espíritu Santo: un corazón sensible hacia el hermano en pecado (Gálatas 6:1)

Con un toque de cariño para con los hermanos de Galacia, Pablo les da unos consejos muy prácticos, apelándoles a que sean tiernos y sensibles con aquellos hermanos que hayan sido sorprendidos en una falta o estén cautivos por el pecado. *"Hermanos, si alguno fuere sorprendido* (detectado) *en alguna falta, vosotros que sois espirituales, restauradle con espíritu de mansedumbre, considerándote a ti mismo, no sea que tú seas tentado"* (6:1).

De nuevo Pablo reitera que la carne es traicionera. Sin embargo, de ninguna manera les permite que hagan caso omiso de la falta. El **MUCHO MÁS** de nuestra muerte con Cristo (Romanos 5: 9, 10, 15, 17, 20) sobrepasa el mal genio nuestro. Hay una traducción que sugiere una pregunta: ¿Si hay entre vosotros quien se considere espiritual?[10] **Sólo el espiritual que conoce su propia debilidad puede restaurar a algún caído**; el Espíritu levanta a los caídos, no los tira por el suelo.

Es posible que Pablo haya tomado aquí como trasfondo la situación que nos relata en 1 Corintios 5:1-5. El apóstol estaba en Corinto cuando les escribió esta carta a los gálatas. Aquel hermano en Corinto había caído en grave pecado, pero

---

[10] J. B. Lightfoot. Paul's Epistle a los Galatians. (London, MacMillan and Com.) 1881, p 214. (Traducción del autor) .

aparentemente se arrepintió después de haber sido disciplinado. Pablo le escribió a la iglesia en Corinto (2 Corintios 2: 6-8) y les exhortó a que levantaran en ese espíritu de mansedumbre, como Cristo los perdonó. **Sólo el perdonado puede restaurar al arrepentido.** Pablo sabía bien que el legalista siempre condena a quien no alcanza su estándar de conducta; tal espíritu es muy ajeno a la gracia de Dios.

El verbo "sorprender" en el original quiere decir "detectado" en el acto de pecar, apoderado antes de que se pudiera escapar",[11] es decir, su culpa está más allá de duda. No sugiere que sea un pecado leve que sólo le sorprende a uno. El verbo "restaurar" es común como un procedimiento del cirujano que repone una fractura de hueso. La idea más prominente es la de corregir y no la de castigar. A Dios le corresponde finalmente dar el debido castigo. Una vez más, la obra del Espíritu en aquel que anda por el Espíritu (5:26) da realce a la gracia de Dios.

Consejo del Espíritu Santo: un corazón compasivo con el hermano en Cristo (Gálatas 6:2, 3)

Si es restaurado el caído con mansedumbre, le toca a cada uno sobrellevar las cargas de los débiles. El verbo "sobrellevar" se usa en Juan 19:17 cuando Jesús llevó su cruz rumbo al Gólgota. Las relaciones entre hermanos deben ser siempre afectuosas, atentas y de muy buena voluntad. La mutualidad de compartir las cargas los unos con los otros produce el espíritu de comunión y compañerismo. Esa solidaridad es del Espíritu y fortalece todas las relaciones fraternales. El Espíritu Santo no tolera el egocentrismo que es tan común entre los legalistas, quienes pueden ser "santos" pero duros para con los demás.

---

[11] Ibid, p.215.

Tal mandato de sobrellevar las cargas los unos con los otros es, al fin y al cabo, cumplir rigurosamente con la única y verdadera ley, la **ley de Cristo.** El verbo "cumplir" la ley de Cristo hace hincapié en la ley obedecida hasta la última letra exigida. No queda más por hacer.

Pablo pone la ley de Cristo en agudo contraste con la ley que promovían los judaizantes. Esto nos devuelve a la pregunta del fariseo en Mateo 22:36-40: *"Maestro, ¿cuál es el gran mandamiento en la ley? Jesús le dijo: Amarás al Señor tu Dios con todo tu corazón, y con toda tu alma, y con toda tu mente. Este es el primero y grande mandamiento. Y el segundo es semejante: Amarás a tu prójimo como a ti mismo".* Si el segundo mandamiento cumplido es para con tu prójimo, ¿cuánto más para con tu hermano en Cristo?

Lo interesante es que Pablo sugiere la posibilidad de una situación en que alguien carnal pudiera creerse superior a los otros, hinchado de su orgullo menospreciando a los demás. *"Porque el que se cree ser algo, no siendo nada, a sí mismo se engaña"* (6:3). ¡Qué denuncia del pecado supremo del orgullo! Tal legalista sólo se engaña a sí mismo. ¡Dios nos libre de semejante pecado! Si hay una sola marca de la llenura del Espíritu es la humildad. Dios no puede tolerar el orgullo, el pecado original que introdujo toda la maldad en el mundo celestial y terrestre.

Consejo del Espíritu Santo: un corazón responsable de sí ante Dios (Gálatas 6:4, 5)

Pablo da un viraje algo extraño. Después de haber hablado del espíritu solícito hacia el hermano detectado en pecado (6:1) y exhortarnos a tener carga por el necesitado (v.2), dice que cada creyente tiene que ser responsable ante Dios de sí mismo, es decir, cumplir personalmente con la carga que Dios mismo le ha asignado. *"Así que, cada uno someta a prueba su propia obra, y entonces tendrá motivo de gloriarse sólo respecto de sí mismo, y no en otro; porque cada uno llevará su propia carga"* (6:4, 5). No hay ninguna contradicción en estos versículos. Cada creyente responde a Dios en primer lugar. Toda provisión le ha sido dada en gracia para que pueda presentarse ante Dios responsable y completo en Cristo.

La sintaxis del verso pone énfasis en <u>*su propia obra*</u>. Debe ser Dios, el juez final, quien evalúe lo que tenga que evaluar. Sería una prueba del creyente, su honradez, su integridad, su fidelidad y su motivación pura ante Dios mismo. Si tal obra sale premiada, tendrá algo en que puede gloriarse, dándole a Dios crédito por su provisión. De esa manera, cada uno responde a Dios mismo y no hay por qué compararnos unos con otros. Tales comparaciones sólo resultan en enemistad, la avaricia, el orgullo y el desánimo (2 Corintios 10:12). Nada de ello glorifica a Dios.

Pablo expresa claramente esta verdad en 1 Corintios 4:3-5 cuando dice: *"Yo en muy poco tengo el ser juzgado por vosotros, o por tribunal humano; y ni aun yo me juzgo a mí mismo. Porque aunque de nada tengo mala conciencia, no por eso soy justificado; pero el que me juzga es el Señor. Así que, no juzguéis nada antes de tiempo, hasta que venga el Señor, el cual aclarará también lo oculto de las tinieblas, y manifestará las intenciones de los corazones; y entonces cada uno recibirá su alabanza de Dios"*.

Es necesario hacer un comentario más, pues Pablo usó dos palabras diferentes pero muy sinónimas: "cargas" (v.2) y "carga" (v.5). Lightfoot hace la distinción así: las "cargas" son las que son fuertes y opresivas y por eso requieren el apoyo y ayuda de otro. Mientras que la palabra "carga" hace referencia a aquel peso que cada persona ha de llevar como parte de su responsabilidad ante Dios y su puesto en la vida.

Ahora, viendo lo anterior, vale la pena observar que Dios hace clara la diferencia entre lo que nos permite para el bien del otro y el nuestro. En un caso bastan los hermanos alrededor de nosotros para acompañarnos en triunfo y luego lo que nos toca a nosotros mismos en la providencia de Dios a quien respondemos con fidelidad y honradez.

Consejo del Espíritu Santo: un corazón generoso ante quienes nos instruyen (Gálatas 6:6)

Pablo llega a ser muy práctico en cuanto al deber que el creyente tiene para con aquellos que le instruyen en la Palabra de Dios. El ministerio del Espíritu Santo no se limita a nuestra relación diaria con Dios y las bendiciones que nos da. El Espíritu nos enseña a vivir, a responder en todo momento ante el pecado detectado, a llevar las cargas pesadas de la vida sin perder de vista que cada uno tiene que dar cuenta a Dios por su propia vida. Pablo frecuentemente toca el tema: *"Mas bienaventurado es dar que recibir"* (Hechos 20:35).

En la mayoría de sus epístolas Pablo no teme dirigirse a este deber de dar y recibir sin pedir disculpas a nadie. Dedica dos capítulos enteros a dar y recibir en 2 Corintios 8 y 9. Lejos de ser algo gravoso, Pablo dice: *"Cada uno dé como propuso en su corazón; no con tristeza, ni por necesidad, porque Dios ama al dador alegre"* (9:7).

Pablo deja claro que el ofrendar es una gracia de Dios (8:1, 9). Luego usa varias frases en diferentes versículos: el privilegio de participar (8:4), este donativo (8:19), la prueba de nuestro amor (8:24), la ministración para los santos (9:1), vuestra generosidad y no como de exigencia nuestra (9:5), la superabundante gracia de Dios en vosotros (9:14).

Pablo insistía en que los hermanos mantuviesen a aquellos que les ministraban la palabra. Escribiendo a los corintios, algo mezquinos en dar, dice: *"Porque en la ley de Moisés está escrito: No pondrás bozal al buey que trilla. ¿Tiene Dios cuidado de los bueyes, o lo dice enteramente por nosotros?... Si nosotros sembramos entre vosotros lo espiritual, ¿es gran cosa si segáremos de vosotros lo material?* (1 Corintios 9:9-11). Lo interesante es que Pablo insistía en que participasen con aquellos que les ministraban la palabra.

Sin embargo, de ninguna manera les exigía que le diesen absolutamente nada a él mismo. Muy al contrario, Pablo agrega: *"Pero yo de nada de esto me he aprovechado, ni tampoco he escrito esto para que se haga así conmigo; porque prefiero morir, antes que nadie desvanezca esta mi gloria. Pues si anuncio el evangelio, no tengo por qué gloriarme; porque me es impuesta necesidad; y ¡ay de mí si no anunciare el evangelio!"* (1 Corintios 9:15, 16) ¡Qué gran ejemplo era Pablo de la verdad: ***"más bienaventurado es dar que recibir"!***

"El que es enseñado en la palabra, haga partícipe de toda cosa buena al que lo instruye" (6:6). Es interesante el verbo "haga partícipe" ya que alude a hacer inversiones o acciones en un negocio como socios juntos. Los socios son tanto los que dan como los que reciben. ¡Qué concepto tan elevado de dar y recibir, haciéndose partícipes tanto de una manera como de otra!

Este espíritu de ser socios juntos en la obra santifica la colección del dinero porque los que dan y los que reciben comparten la (koinonía) participación del evangelio. Para Dios, lo espiritual y lo secular no son dos mundos diferentes y separados. Dios sabe santificar tanto un área como la otra cuando se da todo bajo el control del Espíritu Santo.

La bendición de dar y recibir

A veces en la obra de Dios nosotros, los pastores y misioneros, nos sentimos muy mal al hablar sobre la verdad bíblica de dar de nuestros bienes, como si fuese algo que no pudiéramos tocar. O somos tan sinceros que creemos que nos van a criticar por desear algo para nosotros mismos. Esta cobardía espiritual ha sido un defecto en el programa misionero en el pasado en Latinoamérica. Se ha creído que los hermanos no tienen nada que dar. Pero tal omisión de la Palabra de Dios ha hecho un gran daño a las iglesias pobres y pequeñas. Si no se les enseña, nunca aprenderán ni experimentarán el gozo de dar a Dios, por poco que sea.

Ante Dios, dar es tanto el deber del rico como el del pobre. Pablo dijo: *"Asimismo, hermanos, os hacemos saber la gracia de Dios que se ha dado a las iglesias de Macedonia; que en grande prueba de tribulación, la abundancia de su gozo y su **profunda pobreza** abundaron en riquezas de su generosidad"* (2 Corintios 8:1, 2).

El dar es una verdadera gracia. Los que dan son verdaderos socios y compañeros en la obra de Dios. Otro factor es que el misionero y el pastor deben reducir su propio estilo de vida. No tiene que hacerse totalmente como los hermanos, pero siempre pueden mostrar un corazón de amor y compartir su tiempo y su corazón con los hermanos.

No es nada malo predicar sobre el dar y recibir, aun a los hermanos pobres; dar es un deber de todos. Puede ser un asunto delicado, pero merece y vale la pena enseñarlo.

En estos versos de Gálatas 6:1-6, Pablo afirma que la llenura del Espíritu Santo es mucho más que una experiencia pasajera; es un andar en el mundo de la realidad. Tantas veces pensamos que él Espíritu nos pone alegres, gustosos, bendecidos.

Y es cierto que el Espíritu produce alegría y trae bendición, pero en el desarrollo de la vida cristiana es el Espíritu Santo también quien nos capacita para hacer frente al pecado del hermano (6:1); nos mueve a sobrellevar las cargas pesadas de los menos fuertes (6:2, 3); pone en nosotros un profundo sentido de auto responsabilidad, llevando una vida íntegra y sólida ante el Señor (6:4, 5). La llenura del Espíritu nos hace generosos y cooperativos con la causa de Señor en todo momento (6:6). Demos lugar a quien nos llena para la gloria de Jesús.

Capítulo 14
Ejerciendo la vida llena del Espíritu Santo

Gálatas 6:7-18

Introducción

Pablo, al llegar al final de su epístola, sigue con una variedad de advertencias y consejos. Las advertencias son valiosas, sobre todo si se tiene en cuenta que la vida llena del Espíritu libra una batalla en contra de la carne y el maligno. Aunque la epístola a los Gálatas habla del fruto del Espíritu, hace frente también a las evidencias de la vida vieja que persisten si no se llega a la cruz en fe. Nuestra unión con Cristo es segura, pero en nuestro andar diario no es algo que sucede automáticamente. Necesitamos, por lo tanto, vivir por fe y depender en todo momento de la obra de la Cruz y la llenura del Espíritu Santo.

Una advertencia solemne: un NO rotundo a sembrar en la carne (Gálatas 6:7, 8)

Dios mismo ha establecido ciertos principios que inexorablemente operan en su orden moral y espiritual; la vida bajo el control del Espíritu los toma muy en cuenta. Si estos principios son obedecidos traen como resultado bendición, pero ante la rebelión o desobediencia cosechamos maldición.

Jeremías expresa bien esta dualidad *"Así ha dicho Jehová: **Maldito** el varón que confía en el hombre, y pone carne por su brazo, y su corazón se aparta de Jehová"* (17:5). En cambio dice, *"**Bendito** el varón que confía en Jehová, y cuya confianza es Jehová. Porque será como el árbol plantado junto a las aguas, que junto a la corriente echará sus raíces, y no verá cuando viene el calor, sino que su hoja estará verde; y en el año de sequía no se fatigará, ni dejará de dar fruto"* (Jeremías 17:7-8).

Pablo subraya este principio: *"No os engañéis; Dios no puede ser burlado: pues todo lo que el hombre sembrare, eso también segará. Porque el que siembra para su carne, de la carne segará corrupción; mas el que siembra para el Espíritu, del Espíritu segará vida eterna"* (Gálatas 6:7-8). Sabemos que según la ley de la siembra y la cosecha obtenemos como resultado una multiplicación. Un grano de maíz se reproduce en dos mazorcas o centenares de granos.

Éste es un pensamiento que nos debe llevar a hacer un alto en el camino para reflexionar sobre qué es lo que estamos sembrando, pues esto está íntimamente relacionado con lo que segaremos. Cristo expresó la misma verdad: *"Ninguno puede servir a dos señores; porque o aborrecerá al uno y amará al otro, o estimará al uno y menospreciará al otro. No podéis servir a Dios y a las riquezas"* (Mateo 6:24). El enfoque de Jesús fue precisamente en este tema. El Maestro nos invita a buscar el reino de Dios antes que las cosas materiales. Jesús tocó el amor por el dinero tal como aquí Pablo exhorta a los gálatas a cooperar con sus líderes que les proveen lo espiritual.

Volviendo al pasaje, Pablo acaba de retar a los gálatas a que cooperen materialmente con aquellos que les instruyen en la Palabra. Parece que la mezquindad de los hermanos era una falta de las iglesias de Galacia. Pablo y Bernabé habían pasado por allí con el fin de reunir ayuda para los pobres en Jerusalén (Gálatas

2:10). El apóstol les recuerda fuertemente que no hay manera de jugar con Dios o burlarse de él. Dios estaba a cuentas con su egoísmo económico.

Malaquías habló de robar a Dios: *"¿Robará el hombre a Dios? Pues vosotros me habéis robado. Y dijiste: ¿En qué te hemos robado? En vuestros diezmos y ofrendas"* (Malaquías 3:8). Nuestra actitud hacia el dinero, aun en lo poco que tengamos, realmente refleja nuestras prioridades y la falta de fe y agradecimiento ante la bondad de Dios. No podemos reclamar la llenura del Espíritu con tal espíritu de tacañería.

Este principio de sembrar y segar se extiende mucho más allá del dinero. En cualquier área de nuestra vida ceder a la carne y a sus gustos y caprichos es segar inevitablemente las consecuencias al respecto. Al contrario llevar la vida crucificada, tomando nuestra posición con Cristo en muerte a la vida vieja, resultará en el fruto del Espíritu en abundancia.

Un consejo positivo: debemos servir a todos los hermanos (Gálatas 6:9, 10)

En esta sección de la despedida, al final de su carta, Pablo pone muy en alto lo práctico de la llenura del Espíritu como producto de la vida crucificada evidenciada en Gálatas 2:20: *"Con Cristo estoy juntamente crucificado, y ya no vivo yo, mas vive Cristo en mí; y lo que ahora vivo en la carne, lo vivo en la fe del Hijo de Dios, el cual me amó y se entregó a sí mismo por mí"*. La llenura del Espíritu no se nos ha dado con el fin de bendecirnos, sino para que podamos ser de bendición a *"todos y mayormente a los de la familia de la fe"* (Gálatas 6:10).

Tantas veces el enfoque de la llenura del Espíritu es algo muy nuestro como sí tomáramos nuestra temperatura espiritual a cada rato. Hay momentos de gozo y bendición personal, pero tal no es el objetivo de su presencia y poder en nosotros.

Gálatas

Muy al contrario, Cristo dijo: *"Sabéis que los gobernantes de las naciones se enseñorean de ellas, y los que son grandes ejercen sobre ellas potestad. Mas entre vosotros no será así, sino que el que quiera hacerse grande entre vosotros será vuestro servidor, y el que quiera ser el primero entre vosotros será vuestro siervo; como el Hijo del hombre no vino para ser servido, sino para servir, y para dar su vida en rescate por muchos"* (Mateo 20:25-28).

Juntamente con la advertencia de no sembrar para la carne por no ser cooperativos con los líderes espirituales (6:6), Pablo extiende el principio de la siembra más ampliamente a servir en todas las maneras a los hermanos. Apela a que debemos dar amor fraternal a todos y mayormente a los hermanos. Cualquier servicio en el espíritu de la ley de Cristo (6:2) recibirá su recompensa, hasta un vaso de agua. Salomón lo expresó bien: *"Echa tu pan sobre las aguas; porque después de muchos días lo hallarás"* (Eclesiastés 11:1).

Un llamado de atención especial es el último reto del Apóstol de la Cruz (Gálatas 6:11)

En esta parte de la epístola, Pablo fija un matiz muy especial como queriendo dejar muy en claro el sello contundente que caracteriza al Apóstol de la Cruz. En este toque final, el varón de Dios, tan entregado a su Mensaje de la Cruz, dice: *"Mirad con cuán grandes letras os escribo de mi propia mano"* (Gálatas 6:11).

J. B. Lightfoot hace este comentario: "En este momento el apóstol quita la pluma de su escribano y escribe él mismo el último párrafo. Parece haber sido la costumbre de Pablo escribir una bendición o breve nota al final para evitar la falsificación por alguien ajeno y dar autenticidad a su carta (Véase, 2 Tesalonicenses 3:17, 18). Pero en el caso presente, Pablo mismo escribe un párrafo entero recalcando las verdades principales de la epístola en oraciones concisas y llenas de emoción. Lo escribe también en letras grandes y audaces llamando la atención a la energía y determinación de su alma"[12].

Por lo tanto, este versículo es importantísimo porque sus letras encierran lo inolvidable de su corazón. Otra vez J. B. Lightfoot dice: "La audacia de las letras corresponden a la fuerza de la convicción del Apóstol. El tamaño de los caracteres arrestará la atención de sus lectores a pesar de ellos mismos".[13]

El corazón del Apóstol de la Cruz y el meollo de su mensaje (Gálatas 6:12, 13)

De la misma manera como empezó Pablo la carta, con ímpetu y pasión, así mismo la termina. Comienza diciendo: *"Como antes hemos dicho, también ahora lo repito: Si alguno os predica diferente evangelio del que habéis recibido, sea anatema"* (Gálatas 1:9). Y termina con ese estilo de escribir que le caracteriza, desenmascarando la manera no sincera de los judaizantes al final del párrafo: *"De aquí en adelante nadie me cause molestias; porque yo traigo en mi cuerpo las marcas del Señor Jesús"* (Gálatas 6:17).

De golpe Pablo vuelve al peligro de los judaizantes contra quienes ha luchado siempre en su ministerio apostólico; ahora los acusa directamente de la insinceridad e hipocresía tanto como Jesús en su denuncia de los fariseos. Jesús los había descrito así: *"¡Ay de vosotros, escribas y fariseos, hipócritas! Porque sois semejantes a sepulcros blanqueados, que por afuera, a la verdad, se muestran hermosos, mas por dentro están llenos de huesos de*

---

[12] J.B. Lightfoot, Saint Paul's Epistle to the Galatians, (London, Macmillan and CO), 1881 p.220. (paráfrasis del autor)
[13] Ibid, p.221 (traducción del autor)

muertos y de toda inmundicia" (Mateo 23:27 - véase todo el capítulo 23).

Pablo descubre la motivación de sus enemigos. Ellos ponen tanto énfasis en lo externo, el rito de la circuncisión, sólo para ganar fama entre los judíos por haberlos ganado como prosélitos y así escapar ellos el estigma de solo Jesús sin la ley. Jactarse sólo en la Cruz les resultaría en la plena oposición de los judíos, lo cual Pablo acepta de todo corazón. Dice el apóstol que ellos realmente no se interesan en guardar la ley en su totalidad, sino sólo en tratar de mantener el favor del judaísmo. Al fin los judaizantes no eran sinceros, sólo estaban haciendo su negocio con los creyentes débiles.

Pablo se identifica plenamente con la Cruz y sólo la Cruz (Gálatas 6:14, 15)

En este último párrafo de la epístola escrito por su propia mano, Pablo afirma tajantemente el enfoque preciso de su vida y ministerio. No hay expresión más clara que ésta: *"Pero lejos esté de mí gloriarme, sino en la cruz de nuestro Señor Jesucristo, por quien el mundo me es crucificado a mí y yo al mundo"* (6:14). Se oye el eco de otras tantas porciones en las que Pablo hace bien claro en este texto que su gloria no se encuentra tanto en los sufrimientos de Cristo por él, la doctrina de la justificación, sino al contrario en este contexto su gloria es su propia muerte con Cristo, la doctrina de la santificación. Es precisamente ese aspecto de la Cruz en la que Pablo se jacta.

En este texto aparece bien clara su identificación y su participación con Cristo. Pablo murió al mundo, su sistema y su atracción o sea en los ritos externos o en cualquier manifestación del egoísmo. Estaba tan muerto que se puede decir que es una muerte doble, él al mundo y el mundo a él. *Ésta es la base bíblica de la santificación.* No puede haber nada más definido. No existe ahora ningún vínculo con el mundo, ni la circuncisión ni la incircuncisión. La Cruz acabó con toda distracción y ahora es el gran imán del evangelio verdadero. Por este evangelio --así entendido-- Pablo estaba más que dispuesto a luchar y a defenderlo por encima de cualquier cosa.

Pablo afirma que lo que la Cruz era para Cristo, "la muerte al pecado" (Romanos 6:10), lo es para él. En la historia de España se recuerda el notable matrimonio de Isabel la Católica de Castilla con Fernando de Aragón que dio principio a la organización de la nación por primera vez. Su lema era "**Tanto monta, monta tanto**". En breve, quiere decir que lo que era de uno era de la otra. Compartían en el poder.

Así la muerte de Cristo hace dos mil años fue efectivamente la muerte de Pablo y de nosotros. Como solía decir mi mentor, F. J. Huegel: "Dios dio el golpe cósmico a la carne y a todas sus múltiples manifestaciones y a la ley, dejando que el Espíritu Santo sea la nueva dinámica que opera diariamente en el creyente quien por pura fe lo cree y lo toma para sí". Tristemente no se oye muy a menudo desde nuestros púlpitos esta gloriosa verdad libertadora.

El mismo mensaje de la Cruz visto en otras epístolas de Pablo (Romanos y Colosenses)

Ya que Romanos y Gálatas se escribieron en la misma época de la vida de Pablo, oímos otra versión de Romanos 6:3, 4: *"¿O no sabéis que todo los que fuimos bautizados* (aoristo/pretérito - más correcto el tiempo que 'hemos sido bautizados') *en Cristo Jesús, fuimos bautizados en su muerte? Porque fuimos sepultados juntamente con él para muerte por el bautismo, a fin de que como Cristo resucitó de los muertos por la gloria del Padre, así también nosotros andemos en vida nueva. Porque fuimos sepultados juntamente con él por el bautismo, a fin de que como Cristo*

Gálatas

resucitó de los muertos por la gloria del Padre, así también nosotros andemos en vida nueva.

"Sabiendo (mejor dicho '**conociendo**') *esto que nuestro viejo hombre fue crucificado juntamente con él, para que el cuerpo del pecado sea destruido* («anulado, cancelado»)*, a fin de que no sirvamos más al pecado"* (v.6).

Dios después de la Cruz y nuestra co-crucifixión no puede tener ninguna relación con el viejo hombre porque su Cristo ha muerto tanto al pecado como a la ley (Romanos. 8:7; 7:4). Pero desde ese primer momento de la regeneración/justificación, Dios sólo puede tratar con la nueva creación.

Esa nueva creación es Cristo en nosotros, *"esperanza de gloria"* (Colosenses 1:27); es la vida eterna regalada con base en el arrepentimiento y la fe salvadora. De allí en adelante sólo basta la nueva creación, la nueva criatura. *"De modo que si alguno está en Cristo, nueva criatura es; las cosas viejas pasaron; he aquí todas son hechas nuevas"* (2 Corintios 5:17).

A veces toda esta verdad se nos presenta como una doctrina no más. Lo es, pero realmente es la dinámica a través del Espíritu Santo que transforma al creyente en lo que ya es en Cristo. Esto es más que una posición, es nuestra vida y andar diario.

Casi al fin de su vida terrenal, Pablo sigue diciendo lo mismo a los colosenses: *"En él* (Cristo) **fuisteis circuncidados** *con circuncisión no hecha a mano, al echar de vosotros el cuerpo pecaminoso carnal, en la circuncisión de Cristo; sepultados con él en el bautismo en el cual fuisteis también resucitados con él, mediante la fe en el poder de Dios que le levantó de los muertos... perdonándoos todos los pecados..."* (Colosenses 2:11, 12, 13).

Y continúa diciendo a los colosenses: *"Si, pues, habéis resucitado con Cristo, buscad las cosas de arriba, donde está Cristo sentado a la diestra de Dios... Porque* **habéis muerto,** *y vuestra vida está escondida con Cristo en Dios. Cuando* **Cristo, vuestra vida,** *se* manifieste, entonces vosotros también seréis manifestados con él en gloria". (3:1, 3, 4).

Pablo se despide de sus amados gálatas (Gálatas 6:16-18)

Después de tanta pasión a través de la epístola, Pablo se despide de ellos con unas palabras de cariño, pero con un toquecito de reserva. *"A todos los que anden conforme a esta regla, paz y misericordia sea a ellos y al Israel de Dios"* (v.16).

La referencia a los obedientes no más, no a los judaizantes, puede ser un vistazo a Romanos 2:28, 29: *"Pues no es judío el que lo es exteriormente, ni es la circuncisión la que se hace exteriormente en la carne; sino que es judío el que lo es en lo interior, y la circuncisión es la del corazón, en espíritu, no en letra; la alabanza del cual no viene de los hombres, sino de Dios".*

Pablo se despide de los verdaderos creyentes, ya sean éstos judíos o gentiles. No hay distinción ahora en Cristo quien murió para quitar aquella barrera *"para crear en sí mismo de los dos un solo y nuevo hombre, haciendo la paz, y <u>mediante la cruz</u> reconciliar con Dios a ambos en un solo cuerpo, matando en ella las enemistades"* (Efesios 2:15, 16).

El apóstol termina con estas palabras: *"De aquí en adelante nade me cause molestias; porque yo traigo en mi cuerpo las marcas* (hierro de marca) *del Señor Jesús"*. Dice que nadie me cuestione la autoridad de hablar por Dios en defensa del verdadero evangelio. Pablo termina ejerciendo su apostolado frente a los que pusieron en tela de duda su legítimo derecho a enseñar.

La "marcas de Jesús" a las que se refiere Pablo pudieran referirse a las heridas sufridas en Listra y en otras partes (2 Corintios 11: 22-33). También puede ser una referencia con el legítimo orgullo espiritual de llevar los "hierros de marca" que los esclavos comprados y vendidos a veces traían. Pablo era apóstol con toda la dignidad de su llamado soberano, pero a la vez se gozaba de ser esclavo de Jesús. Y por último se despide diciendo: *"Hermanos, la gracia de nuestro Señor Jesucristo, sea con vuestro espíritu. Amén"*(Gálatas 6:18). Así, Pablo pone fin a **Gálatas, la epístola de la Cruz y el Espíritu Santo.**

Capítulo 15
Otra mirada a la epístola a los Gálatas y al Apóstol de la Cruz

Mirada retrospectiva

Propósito de este repaso

Por la gracia de Dios hemos trazado catorce estudios exegéticos. Dios nos ha retado desde la Cruz. No cabe duda de que podemos llamar a Saulo/Pablo de Tarso, *el Apóstol de la Cruz.* Como ningún otro, Dios le llamó desde *"el vientre de su madre"* (Gálatas 1:15) para que fuese el apóstol a los gentiles.

Dios le concedió el alto privilegio de exponer la grandísima obra de la Cruz. En Gálatas, Pablo hace resplandecer nuestra salvación trinitaria: Dios Padre, Dios Hijo y Dios Espíritu Santo. Además del esplendor de la Cruz, Pablo reveló el ministerio eficaz del Espíritu Santo como garantía de nuestra victoria sobre el mundo, la carne y el diablo.

Al llegar a este último capítulo, podremos examinar más de cerca el corazón de Pablo revelado de manera fascinante en esta carta. Veremos también la defensa que el apóstol hace de sí mismo y echaremos un vistazo a los pares de contrastes significativos en el argumento de la epístola. Termino el estudio con el enfoque único sobre la Cruz y el Espíritu Santo y los resultados prácticos en la vida del creyente.

Ya que la Epístola a los Gálatas y la de Romanos las escribió Pablo desde Corinto en la misma época, los dos libros inspirados reflejan un énfasis paralelo. Se debe tomar en cuenta esto al volver a escudriñar las verdades de la Cruz.

El corazón pastoral del verdadero líder espiritual: angustia, fidelidad, severidad y amor

Pablo da principio a la carta como de costumbre. Sin embargo, hay un tono diferente cuando dice: *"Pablo, apóstol (no de hombre ni por hombre, sino por Jesucristo y por Dios el Padre que lo resucitó de los muertos), y todos los hermanos que están conmigo, a las iglesias de Galacia"* (1:2-3). Esa interrupción no aparece nunca en otros saludos e indica que algo diferente ha de venir. ¡Sí que algo diferente vino! Sigue Pablo con los elementos básicos del evangelio en la introducción. (vv. 3-5).

Lo que sigue nos sorprende: *"Estoy maravillado de que tan pronto os hayáis alejado del que os llamó por la gracia de Cristo, para seguir un evangelio diferente"* (v.6). De manera apasionada Pablo les hace saber su perplejidad y angustia ante la eventualidad de que ellos puedan haber abandonado la gracia de Dios. El punto importante es el abandono de la gracia de Cristo tan de repente.

Luego, el mismo Pablo pronuncia una maldición sobre tal apostasía. El apóstol dice, en dos ocasiones, que quien predica semejante error sea anatema. Son palabras bien fuertes, jamás repetidas en otras epístolas aun con diferentes problemas. Sigue otra reprensión: *"¡Oh gálatas insensatos! ¿Quién os fascinó para no obedecer la verdad...?"* (Gálatas 3:1). ¡El verbo "fascinó" tiene un toque de embrujo o hechicería!

El corazón de Pablo no pasa por alto ninguna actitud carnal que pueda estar estropeando la vida de las iglesias. Sin embargo, su corazón pastoral sale a flote cuando dice: *"Hijitos míos, por quienes vuelvo a sufrir dolores de parto, hasta que Cristo sea formado en vosotros" (4:19). "Porque vosotros, hermanos, a libertad fuisteis llamados; solamente que no uséis la libertad como ocasión para la carne, sino servíos por amor los unos a los otros"* (5:13). Su corazón todavía se pone tierno hacia ellos. *"Pues vosotros sabéis que a causa de una enfermedad del cuerpo os anuncié el evangelio al principio; y no me despreciasteis ni desechasteis por la prueba que tenía en mi cuerpo, antes bien me recibisteis como a un ángel de Dios, como a Cristo Jesús"* (4:13, 14).

Pablo los amaba con el amor de Cristo, por tal razón sus palabras no podían ser inferiores a la fidelidad de su corazón como padre espiritual. Era el mismo amor que sentía por ellos el que lo llevaba a ser fiel y severo. Su lógica doctrinal hace que diga: *"De Cristo os desligasteis* ('katargeo' - anular, cancelar), *los que por la ley os justificáis; de la gracia habéis caído"* (5:4). No obstante, aunque se pronuncia sobre esa posible apostasía, sigue con la esperanza en Dios: *"Yo confío respecto de vosotros en el Señor, que no pensaréis de otro modo; mas el que os perturba llevará la sentencia, quienquiera que sea"* (5:10).

La defensa del evangelio de la gracia y la autodefensa de su apostolado con humildad

A veces en la milicia por la verdad, existe el riesgo de la distorsión de la gracia de Dios. En tal momento se requiere la defensa de la verdad pero siempre en un espíritu de humildad y autoridad. Pablo ilustra este reto ahora. Los judaizantes, los enemigos judíos que se metieron entre los nuevos creyentes gentiles, atacaron fuertemente a Pablo como un desleal judío traidor.

Pablo, ante el ataque, se vio obligado a relatar su pasado en el fariseísmo y su llamado soberano a Cristo. Pasó de ser fariseo a convertirse en esclavo de la gracia de Cristo. El apóstol dedica Gálatas 1:11-24 a presentar sus credenciales de aceptación entre las iglesias de Siria y Galacia. Aclara también que para confirmar su apostolado a los gentiles no fue necesaria la aprobación de Jerusalén.

Pablo subió a Jerusalén junto con Bernabé y Tito, éste último gentil, para asistir al Concilio de Jerusalén (Hechos15:1-30; Gálatas 2:1-10). En esta importante reunión se tomaron decisiones firmes con respecto al evangelio que se habría de predicar en todas las iglesias. Era nada menos que la gracia de Dios versus el guardar la ley mosaica; los apóstoles nos *"dieron a mí y a Bernabé la diestra en señal de compañerismo, para que nosotros fuésemos a los gentiles, y ellos a la circuncisión"* (2:9). Así Pablo establece su derecho de escribirles como un apóstol auténtico de Jesús.

Pablo confronta a Pedro en defensa de la gracia del evangelio (Gálatas 2:11-21)

Pero "la joya" de su confrontación con Pedro nos hace manifiesto el corazón y la motivación no tan sólo de Pablo en dicha ocasión, sino también la de la misma vida nuestra unida a Cristo. Hace realce la hermosura de la Cruz, nuestra identificación con Cristo en muerte al pecado y a la ley para poder llevar la misma vida de Jesús en nosotros.

La ocasión de Gálatas 2:20 fue después del gran Concilio en Jerusalén en donde Pedro mismo había sido vocero de la gracia de Dios. Al llegar Pedro a Antioquía al principio comía a gusto con los gentiles, pero después de que hubieron llegado los de Jerusalén se apartaba de ellos y junto con él llevó a Bernabé y a otros a tomar distancia de los hermanos gentiles. La situación fue una crisis verdadera para la iglesia naciente.

Pablo intervino en defensa de la gracia de Dios y en contra del guardar de la ley: *"Pero cuando vi que no andaban rectamente --* pura hipocresía— *conforme a la verdad del evangelio, dije a Pedro delante de todos... "* (2:14). Semejante represión delante de todos puso en claro una vez para siempre el mal de sustituir la ley por la gracia de la Cruz.

Pablo usó la ocasión, no tan sólo para reprender a Pedro sino para poner su vida transparente como ejemplo de uno que murió a la ley y resucitó para que Cristo viviera en él. *"Con Cristo estoy juntamente crucificado, y ya no vivo yo, mas vive Cristo en mí; y lo que vivo en la carne, lo vivo en la fe del Hijo de Dios, el cual me amó y se entregó a sí mismo por mí"* (2:20). ¡Qué revelación de la gracia de Dios en la vida del creyente!

Los principios irreconciliables: verdad - error; gracia - ley; fe - obras; Espíritu - carne

Entre estos principios tan diferentes no puede haber compromiso alguno. Son diametralmente opuestos. Pablo trata con estos contrastes de manera directa y fuerte y hace las aplicaciones a la situación crítica en las iglesias de Galacia. Así en la vida del creyente no puede haber tampoco un poco de ambos. Es cuestión exclusiva de uno u otro.

La obra de la Cruz es la respuesta final de Dios para con estos principios incompatibles. *"Porque lo que era imposible para la ley, por cuanto era débil por la carne, Dios, enviando a su Hijo en semejanza de carne de pecado y a causa del pecado, condenó al pecado en la carne; para que la justicia de la ley se cumpliese en nosotros, que no andamos conforme a la carne, sino conforme al Espíritu"* (Romanos 8:3, 4). Estas verdades son el eje de la vida cristiana en todo sentido.

El peligro del legalismo hoy y el remedio de la Cruz

Dios no puede bendecir al creyente que anda en error bajo la ley, usando de las "mejores intenciones" de la carne. Pablo analiza el caso de los judaizantes: *"Porque ignorando la justicia de Dios, y procurando establecer la suya propia, no se han sujetado a la justicia de Dios; **porque el fin de la ley es Cristo, para justicia a todo aquel que cree"*** (Romanos 10:3, 4). Un verdadero creyente anda en verdad y reconoce su posición en Cristo justificado por la gracia de Dios. La nueva vida eterna impartida al corazón impulsa el deseo de no andar conforme a la carne.

Pero la naturaleza vieja se resiste y los inherentes deseos de hacer algo por el bien tropiezan con la maldad del viejo hombre. Lo anterior resulta en una experiencia mixta que Pablo describió de la siguiente manera: *"¡Miserable de mí! ¿Quién me librará de este cuerpo de muerte?"* (Romanos 7: 24). Muchos hermanos viven así entre estos dos principios, una vida cristiana no agradable ni a Dios ni a ellos. Pero tal derrota no es la herencia nuestra.

Para Pablo una vida bajo la ley --como pretendían los judaizantes-- les exigía la circuncisión como si fuera algo superior por agregarse a los méritos de Cristo. Eso era distorsionar y menospreciar los méritos exclusivos del sacrificio de Jesús en la cruz. Tal concepto y práctica no es otra cosa que rechazar el principio de la gracia. En Gálatas, él define el vivir bajo las demandas de la ley como otro evangelio y quien tal hace es considerado anatema. Tal error se llama *el legalismo* que existe hoy en muchas formas.

El legalismo de hoy consiste en la aparente mezcla de la gracia de Dios y las obras de la carne. La ley hace sus demandas y el creyente piensa que le corresponde hacer la lucha para cumplir con ellas. Resulta en poner ciertos requisitos externos o sean del vestido, cierta experiencia o don, estándares de la adoración y algunos conceptos doctrinales de versión, entre otros. Los que cumplen a su manera con dichos requisitos se creen más espirituales que los otros.

Todas estas exigencias se convierten en "orgullo espiritual" que no toma en cuenta la obra de la Cruz, *"Tales cosas tienen a la verdad cierta reputación de sabiduría en culto voluntario en humildad, y en duro trato del cuerpo; pero no tiene valor alguno contra los apetitos de la carne"* (Colosenses 2:23). Sólo la Cruz puede cancelar el poder de la carne que se esfuerza por cumplir con tales demandas.

El papel verdadero de la gracia frente a la ley (Gálatas 3:6-29)

Para corregir la confusión y la enseñanza de los judaizantes, Pablo va directamente al trato fundamental de Dios con Abraham en Génesis15:6: *"Así Abraham creyó a Dios, y le fue contado por justicia"*. En aquel entonces no había ley. El Pacto Abrahámico estableció definitivamente la prioridad en tiempo y en su esencia de la fe en la gracia de Dios. Sobre esta base Dios iba a ordenar la salvación de los gentiles (3:8). Más adelante, con la ley, agregaría Dios: *"Maldito todo aquel que no permaneciere en todas las cosas escritas en el libro de la ley, para hacerlas"* (3:10). Esa maldición de ser colgado en la cruz la tomó Cristo para sí mismo para satisfacer de una vez por todas las demandas de la ley (3:13). Ahora no nos queda alguna demanda por cumplir. El sacrificio en la cruz fue suficiente.

La ley que vino 400 años después no fue dada para salvar ni santificar al creyente. *"Fue añadida a causa de las transgresiones, hasta que viniese la simiente a quien fue hecha la promesa..."* (3:19). *Mas la Escritura lo encerró todo bajo pecado, para que la promesa que es por la fe en Jesucristo fuese dada a los creyentes"* (3:22). Una vez más la Cruz pone fin a la vigencia de la ley para que Cristo salve y santifique a los suyos. Volvemos a la Cruz muertos a la ley. *"Así también vosotros, hermanos míos, habéis muerto a la ley mediante el cuerpo de Cristo, para que seáis de otro, del que resucitó de los muertos, a fin de que llevemos fruto para Dios"* (Romanos 7:4).

El creyente casado con el Cristo resucitado se goza del pleno ministerio del Espíritu Santo

Con una mirada retrospectiva Pablo dedica **Gálatas 1 y 2** a alarmar a los Gálatas por la crisis de su posible apostasía, dando lugar a la "hechicería" de los judaizantes (3:1) que pierden de vista a Cristo crucificado. Luego establece su apostolado y su aceptación por los apóstoles de Jerusalén; aun Pedro fue reprendido por Pablo por su hipocresía (2:11-21).

Para poner la gracia y la ley en su respectiva posición dedica **Gálatas 3 y 4** a la prioridad de la gracia y el limitado papel de la ley cuya función es sólo llevarnos a Cristo. El apóstol recalca que todos somos hijos de Abraham. *"Porque todos los que habéis sido bautizados en Cristo, de Cristo estáis revestidos. Ya no hay judío ni griego; no hay esclavo ni libre; no hay varón ni mujer; porque todos vosotros sois uno en Cristo Jesús y si vosotros sois de Cristo, ciertamente linaje de Abraham sois, y herederos según la promesa"* (3:27-29).

Pablo llega a la cumbre del mensaje de la Cruz y el Espíritu Santo en **Gálatas 5 y 6** explicando que el Espíritu sólo hace su obra santificadora con base en la Cruz, un mensaje netamente Cristo-céntrico. *"Porque vosotros, hermanos, a libertad fuisteis llamados; solamente que no uséis libertad como ocasión para la carne, sino servíos por amor los unos a los otros"* (5:13). Sigue con base en esa verdad: *"Digo, pues; Andad en el Espíritu, y no **satisfaréis** (mejor variante) los deseos de la carne... pero si sois guiados por el Espíritu, no estáis bajo la ley"* (5:16,18).

A continuación Pablo nos escandaliza al mostrarnos las obras feísimas de la carne (5:19-21). ¡Qué contraste sigue! *"Mas el fruto del Espíritu es amor, gozo, paz, paciencia, benignidad, bondad, fe, mansedumbre, templanza; contra tales cosas no hay ley"* (5:22-23). Creo que Pablo nos da el secreto abierto y establece más allá de duda la vida de Cristo resucitado llevada a través de nosotros.

La vida de Cristo al alcance de todo el que cree en la gracia de Dios

Es la Cruz aplicada momento tras momento a la carne que puede persistir en nuestro cuerpo mortal (Véase - 2 Corintios 4:10-12). Pablo afirma con autoridad: *"Pero los que son de Cristo han crucificado* (crucificaron—aoristo indicativo activo) *la carne con sus pasiones y deseos"* (5:24).

Nótese el tiempo del verbo; es el tiempo pasado, acto ya hecho por Dios mismo en la persona de su Hijo, no repetible. Es una referencia directa al cuando fue crucificado el hombre viejo según Romanos 6:6: *"'Sabiendo/conociendo' esto que nuestro viejo hombre fue crucificado juntamente con él..."* Es mi verso favorito donde Dios me introdujo en esta bendita realidad, una posición que debemos tomar por fe diariamente. Esto permite que el Espíritu Santo haga su obra produciendo en nosotros la misma vida resucitada de Cristo.

La despedida final del Apóstol de la Cruz

Pablo termina la epístola escribiendo con su propia mano la conclusión del argumento de toda la carta con la pasión de su corazón. *"Lejos esté de mí gloriarme, sino en la cruz de nuestro Señor Jesucristo, por quien el mundo me es crucificado a mí, y yo al mundo. Porque en Cristo Jesús ni la circuncisión vale nada, ni la incircuncisión, sino una nueva creación"* (6: 14, 15).

De esta manera Pablo revela con broche de oro su corazón pastoral; nos enseña tanto el peligro de la ley y la carne para dejar bien claro y poner en su lugar la pura verdad del evangelio de la gracia de Dios. Ha puesto delante de los gálatas y de nosotros el cómo de la vida en Cristo, crucificado y resucitado bajo el control del Espíritu Santo. A Dios y a la Cruz de Cristo sean la gloria por siempre jamás. Que Dios mismo nos meta en nuestra "tierra prometida" en Cristo Jesús.

CPSIA information can be obtained at www.ICGtesting.com
Printed in the USA
BVOW060031270412

288762BV00007B/2/P